不动产投资信托基金

杭　琛◎著

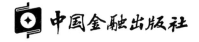

中国金融出版社

责任编辑：肖　炜
责任校对：潘　洁
责任印制：丁淮宾

图书在版编目（CIP）数据

不动产投资信托基金/杭琛著. —北京：中国金融出版社，2022.6
ISBN 978 - 7 - 5220 - 1630 - 6

Ⅰ.①不… Ⅱ.①杭… Ⅲ.①不动产—投资—信托基金—研究—
中国 Ⅳ.①F832.49

中国版本图书馆 CIP 数据核字（2022）第 088864 号

不动产投资信托基金
BUDONGCHAN TOUZI XINTUO JIJIN

出版
发行　中国金融出版社

社址　北京市丰台区益泽路 2 号
市场开发部　　（010）66024766，63805472，63439533（传真）
网 上 书 店　www.cfph.cn
　　　　　　　（010）66024766，63372837（传真）
读者服务部　　（010）66070833，62568380
邮编　100071
经销　新华书店
印刷　保利达印务有限公司
尺寸　169 毫米×239 毫米
印张　12.5
字数　196 千
版次　2022 年 6 月第 1 版
印次　2022 年 6 月第 1 次印刷
定价　68.00 元
ISBN 978 - 7 - 5220 - 1630 - 6
如出现印装错误本社负责调换　联系电话（010）63263947

自 序

金融服务与金融创新是贯彻中央供给侧结构性改革和拉动我国内需的一项重要工作。早在 2017 年中央就明确提出了推进资产证券化，为此国务院发文要求稳步推进房地产投资信托基金（REITs）试点，这是首次在国务院的发文中提到 REITs，而且直接把英文"REITs"写进了国务院的文件里。但长期以来，对于公募 REITs 的落地，状况是"业界热烈讨论，监管默不作声"。①如今，随着 2020 年 9 月 4 日《深圳证券交易所公开募集基础设施证券投资基金业务审核指引（试行）（征求意见稿）》、北京市京发改〔2020〕1465 号《北京市发展改革委等 6 部门关于印发支持北京市基础设施领域不动产投资信托基金（REITs）产业发展若干措施的通知》、2020 年 9 月 1 日海南省《海南自由贸易港博鳌乐城国际医疗旅游先行区制度集成创新改革方案》以及 2021 年 11 月 10 日银保监办发〔2021〕120 号《关于保险资金投资公开募集基础设施证券投资基金有关事项的通知》的颁布，公募 REITs 已经渐渐临近。

从国际实践看，REITs 已在世界 40 多个国家和地区被广泛应用，我国的 REITs（不含香港、台湾地区）比新加坡、日本及韩国等亚洲其他国家在这一项金融创新方面晚了将近 20 年，原因是多方面的。但随着资本市场国际化程度步伐的加快，加之我国庞大的建筑资产规模，为实现金融体系供给侧结构性改革、减缓我国金融体系中直接融资比例偏低问题以及为提高金融系统的抗风险能力，继北京、深圳、海南之后，相信各地关于 REITs 的相关政策和措施将会陆续出台，我国标准化公募 REITs 指日可待。

REITs 既是一种金融产品，也是一种理想的投资工具或渠道。从金融产品角度说，它可以把各种各样的不动产种类与投融资紧密地结合起来，做到了产融结合。从 REITs 这个投资品种的过往表现看，投资回报率高于标准普尔 500 指数的回报，而且 REITs 会将 90% 的利润以分红形式派发给股东。从

---

① 《财经》，2019（16）。

投资工具视角来讲，它具有基础资产透明清晰、现金流好、波动不大的特征，是长线资金投资的选择之一，比如国外的养老金就非常愿意选择投资 REITs，加拿大的养老基金和美国的 401K 计划都有投资 REITs，而且都占有相当大的比例。另外，公募 REITs 的好处是为市场融资和物业管理提供了一个新的途径，也为金融监管提供了一个可量化、管理透明和体系化的通道，为不动产市场的理性发展提供了规范化的帮助。

从法律关系上说，REITs 是一种信托类金融服务，是不动产实现上市过程的载体。从这方面讲，我国的情况与国外有些不同。首先，我国目前的类 REITs 属于一个过渡性产品，属于资产证券化私募性质，其特征有以下两个：一是投资者必须满足合格投资机构的准入条件，二是参与人数上限为 200 人。这些情况限制了众多普通投资者的参与，造成资产证券化二级市场流动性不足。其次，与国外 REITs 不同的是，我国的基础设施持有人是央企、国企、政府以及地方政府的平台公司，在强资产弱融资主体的环境下，对于 REITs 产品发行的外部增信就显得非常关键。还有一点，融资需求方负债率本来就已经很高，使得投资者在平衡投资收益与风险把控上考虑因素较多，影响产品的销售。最后，我国尚未有针对 REITs 的税优政策出台，在 REITs 发起和持有期内，REITs 都面临着税优政策滞后的问题。本书将从国际 REITs 推广过程中所涉及的不动产领域以及实施过程中的有关法律问题与读者分享，共同探讨和推进公募 REITs 在我国的落地，为供给侧结构性改革尽点微薄之力。

由于本人水平有限，欢迎广大读者批评指正。

杭琛

2021 年 12 月于北京

致　谢

(Acknowledgements)

The preparation of this book would have scarcely been possible without the help of my friends who have been teaching finance in the famous universities and institutes. They gave freely of their time to dig into their study of the course on real estate finance to brighten the narrative, and in many instances devoted valuable hours in a search for facts in the libraries. Now, I wish to take this opportunity to thank Professor Stanley Paul Sakai of Harvard Business School, Doctor Byung Oh of Massachusetts Institute of Technology, Senior Deputy Dean Qian SHI of Department of Construction Management and Real Estate of Tongji University, Ph, D. full Professor Ninghua Zhong of Tongji SEM, and Vice Executive Dean Lihua Zhou of Shanghai International Banking & Finance Institute.

Within the structure of my original thesis published in the School of Public Policy and Management in Korea Development Institute many years ago, this book incorporates substantial revisions and amendments to take account of the many recent developments in China's policy on REITs, including the official documents issued by local governments concerned in 2021. I am grateful to my friends in the United States for their assistance and support during my visits to their institutes and universities as well, and I should like to thank all those at Georgetown University Washington D. C. and Harvard University Boston during my study there in 2014 and 2018 respectively.

I have done my best to avoid factual error; but in a narrative of such breadth, error is almost bound to occur because subject study of this book involves laws and regulations of the United States of America, Japan, Korea, Singapore, Malaysia,

1

Australia, Canada and China etc . None of the persons who helped me with the chapter is responsible for these inaccuracies.

Hang Chen

December 2021

School of Innovation and Entrepreneurship Shandong University /

University of Cambridge

目　录

第一章 REITs 的起源与发展

房地产在经济发展中有着重要的地位，以现存资产为抵押的信贷业务绝大多数为房地产抵押贷款。在多数发达经济体中，大部分银行信贷均以现存房地产为抵押，越来越多的新兴市场经济体也呈现出这种趋势。但由于经济的下滑，产生了一些不良资产。所以很多国家开始引入新的制度、新的金融产品，REITs 就是其中之一。毕业于剑桥大学的英国知名政治家、经济学家阿代尔·特纳（Adair Turner）说过："经济史充分表明，金融业在现代经济体系发展的早期阶段确实发挥了重要的支撑作用。债券和股票市场以及银行体系使多元分散的投资者能够为商业项目提供融资。"（阿代尔·特纳，《债务和魔鬼》，第 31 页）REITs 便属于这类产品。

REITs 是什么？

REITs 指所有"不动产投资信托基金"，它源自英文"Real Estate Investment Trusts"，缩写为 REITs，从字面上直接翻译成中文是"房地产投资信托基金"。从类别上可分为：抵押型房地产投资信托基金（Mortgage REITs）、个人房地产投资信托基金（Individual REITs）、住宅房地产投资信托基金（Residential REITs）、零售房地产投资信托基金（Retail REITs）、办公写字楼宇房地产投资信托基金（Office Buildings）、工业房地产投资信托基金（Industrial REITs）、养老地产投资信托基金（Health Care REITs）、仓储房地产投资信托基金（Warehouse Logistics REITs）、酒店房地产投资信托基金（Hotel and Resort REITs）和体育运动场馆房地产投资信托基金（Stadiums and Sports Field）等。一方面，REITs 是通过发行基金券（如收益凭证、基金单位、基金股份等）将投资人的不等额出资汇集成一定规模的信托资产，交由持牌的专业投资机构管理，获得的收益由基金券持有人按照出资比例分享，并共担风险的一种金融投资产品或工具；另一方面，由于集合资金是用于各类不动产投资、租赁开发、销售和消费等方面的投资基金，其模式又可称为投资专业化管理的一种制度。

几十年来，从40多个国家和地区以往的实践结果看，这种基金好处颇多。一是对拉动 GDP 有明显的贡献，二是体现在税收方面。因为引入 REITs 制度可以降低税率，增强其不动产的开发和经营动机。此外，还可以激活存量不动产，增强市场的流动性，为政府的税收嫁接合理税源。REITs 达到一定规模后拓宽了税基，增加了税收。比如中国香港的实践已经证明，当初为了增加财政收入而引进 REITs 制度是有效的。1997 年香港回归后，房价曾经下跌，使香港特区政府的土地出让收入大幅下降，当局引入 REITs 后，特区将政府拥有的零售不动产、停车场纳入了首只上市的 REIT——领展 REIT。

对于经济转型国家（地区）而言，引入 REITs 制度有助于吸引 QFII（合格的境外投资者），使其成为经济转型的重要力量。稳定外资的进入，避免了剧烈的资本流入、流出而引发的汇率剧烈波动。稳定外资的进入，能推动不动产项目建设，促进国家（地区）经济发展。比如 2013 年越南用于不动产建设的 FDI（外商直接投资）就占到该国 FDI 的 20% 左右，推动 FDI 是越南引入 REITs 制度的主要考虑因素，因为 REITs 是积极的货币政策调控手段之一。通过对政策利率的调节，降低了市场的借贷成本。REITs 制度的引进使得民间资本能够流向大型不动产行业建设，增加了不动产的融资通道，促进了不动产行业的融资。REITs 的较高收益、中低风险、高流动性及与其他资产低关联度的特征，对长期资金具有很强的吸引力，比如养老金投资。

追溯历史，REITs 的理念最早起源于 19 世纪美国马萨诸塞州的商业信托①。马萨诸塞州是美国城市工业化开始最早的州，到了 19 世纪 40 年代，康涅狄格州以及罗得岛的城镇人口猛增，这些城镇人口主要由失地农民和既种地又在工厂上班的人构成。人们离开农场走向城市改变了农村的生活模式，创建了新型工业化城市的样式，尤其是美国西北的几个州迅速走向工业化之路，这些州有俄亥俄州、印第安纳州、伊利诺伊州、密歇根州和

①　郑磊. REITs 国际比较分析启示［EB/OL］. 价值中国网，2007－01－15.

威斯康星州等。19 世纪下半叶，美国城市化移民不仅促进了底特律、克利夫兰、芝加哥和密尔沃基的发展，也带动和促进了一些二线城市的发展。代顿、托莱多、印第安纳波利斯、韦恩堡、卡拉马祖、罗克福德、拉克罗斯、奥什科什等许多城市让农村来的家庭更容易享受到城市的快捷便利。1896 年美国农村开始免费投递后，信件、报纸、广告和销售目录飞入了农村的千家万户；1913 年邮包业务的开展，城里有邮购部门的百货商店如西尔斯（Sears）百货，蒙哥马利·沃德（Montgomery Ward）百货也能把货物发到偏远的村庄。

然而，农村人口仍然对城市趋之若鹜，区域中心城市迅速发展起来，比如亚特兰大、洛杉矶、旧金山和西雅图不断扩张。另一些爆发式发展的城市如伯明翰、休斯顿、堪萨斯和阿尔伯克基也赶上了它们的发展速度。到 1900 年，孟菲斯 80% 的人口来自毗邻的密西西比州和田纳西州的乡村。我在 2018 年 5 月去奥马哈参加巴菲特年会时，发现这座城市就是在 1900～1910 年间发展起来的。在上述工业城市里，西尔斯（Sears）百货、蒙哥马利·沃德百货服务半径得到了延展。在 1900 年前后的 20 年的时间里，孟菲斯的非裔美国人成倍地增长。与此同时，查塔努加的人口增长了 600% 之多。其他人顺着水路或者沿着铁路，去往北方扩张中的商业或工业中心城市。当他们到达了目的地，就会提醒家属和朋友们投奔他们，同时也告诉他们工资水平和就业情况等信息。这种现象，如同我国改革开放后的上海，到处可见安徽人和山东人的身影，在深圳随处都能见到湖南人、湖北人的情景极为相似。在美国，第一次世界大战扩大了就业需要，大批移民纷至沓来，北方城市的黑人社区发展尤为迅速。1900 年，美国黑人最多的三个城市都在南方，分别是华盛顿、巴尔的摩和新奥尔良。到了 1920 年，黑人最多的两个城市是纽约和费城，华盛顿的黑人数量则排在第三，芝加哥排第四。自 20 世纪初以来，美国长达 80 年的人口大迁移开始后，对城市不动产建设的强烈需求与日俱增，比如私人房地产市场供不应求的现象，不仅带动了各行各业的快速发展，也带来了金融产品的不断创新。因此，可以看出在美国城市工业化的进程与发展过程中，REITs 作为一种金融产品，为推动美国基础设施建设起到了积极的促进作用，被人们广泛接受。朱迪·克里齐顿在《1900 年的美利坚》一书中这样描述了那时候美国的变革："这一年是美国国家结构发生巨变的一年，在新年除夕之夜，纽约市市长西奥多·罗斯福兴奋地对孩子们说，今天，这场 100 年来罕见的大雪如神一般地降临，瑞雪兆丰年"。从字面上看是在说风景，实际上是在谈美国的变革。西奥多·罗斯福毕业于哈佛大学，担任了两届美国总统，参加过美西战争，是美国历史上最年轻的总统之一。

1900 年的纽约

2020 年的上海浦东

在经济转型国家和地区，尤其是在其经济快速发展的特殊历史时期，房地产开发融资大多主要依赖银行资金，中国、新加坡、韩国以及中国香港都是如此。而在世界发达国家和地区，这类融资则是通过金融产品创新和法律法规不断完善，通过有效的、寻找符合投融资双方的需要来解决融资，REITs 属于这类产品。REITs 制度脱胎于原有的不动产融资金融体系。每一次金融危机或经济下行时期，都是 REITs 成长壮大的契机。在金融体系的震荡中，REITs 的稳健性特征以及它的融资方式，充分展现了其韧性与活力，让投资者更加青睐。我国在高速城镇化、商业房地产的快速发展过程中，需要通过使用 REITs 来驱动市场良性发展，降低银行的不良贷款率。

从国外的实践看，REITs 制度建立后，能改善金融体系的脆弱性，降低银行潜在的不良资产。截至 2021 年 5 月 21 日，根据国内各级人民法院发布的破产公告，全国已经有 159 家房地产开发商破产倒闭。四个多月，141 天，破产的房地产开发商达到 159 家，平均每天破产倒闭 1.13 家，企业倒闭造成大量的银行坏账。河南省房地产协会是这样归纳这种现象的：一是银行和其他金融机构。每一个房地产开发商，都无一例外地有很多银行贷款。还有很多信托投资机构和其他金融机构投资这些企业，它们给房地产开发商的资金，少则几千万元、多则几十亿元。房地产开发商破产倒闭，这些银行和其他金融机构的资金，不要说利息，连本金都无法收回。房地产开发商破产倒闭，最大的受害者肯定就是银行和其他金融机构。二是购买股票的股民。不少房地产开发商是上市公司，这些上市公司一旦破产，倒霉的是千千万万的股民。股民购买这些企业的股票，首先是为了股价上涨，去赚大钱。但是，十几年前，上证指数从 6300 多点跌下来之后，现在也只攀升到 3300 点左右，这些年来，靠炒股赚钱的寥寥无几。其次，是为了拥有上市公司的股票分红。然而这些年来很多公司没有利润，甚至亏损，没有钱可以用来分红。股民们也是干瞪眼。三是购买债券和基金的机构和普通大众。不少房地产公司都发行了债券和基金。这些公司一旦破产，购买它们债券和基金的机构和普通大众，同样跟着倒霉，因为投资者手里的债券和基金也就成了废纸。四是建筑公司和材料供应商。正常情况下，房地产开发商都不无例外地拖欠着建筑公司的工程款，还有建筑材料供应商的货款。房地产开发商破产，拖欠就可以不用归还。五是房地产开发商的员工。房地产开发商破产倒闭，他们的员工同样跟着倒霉，下岗失业，那是不用说的。不少员工还被拖欠工资。更倒霉的员工，以前还给公司交过各种名义的集资款和押金。最终这些血汗钱都有可能血本无归。六是购房者。购买了这些破产开发商开发的楼盘的购房者，如果房子没有交付，烂尾的可能性很大。或许，他们损失的金额并不是太大，可能是几十万元，至多几百万元。这些数字与金融机构动辄几亿元甚至几十亿元相比，简直不值一提。但是，银行和其他金融机构都是财大气粗的机构，它们就是损失几亿元也关系不大。而购房者的几十万元，几百万元，却是掏空了几代人的钱包，并要背负数十年银行的贷款。七是房地产开发企业的老板。企业破产，负债累累，老板大都成了被执行人，被限制高消费，不能乘坐飞机，不能乘坐高铁，不能入住星级宾馆。甚至有的老板，从账面看起来已经倾家荡产。实际上，不少老板早已经把财产藏匿起来，甚至转移到了国外。私下里，他们自己和家人照样过着花天酒地、灯红酒绿的奢靡生活。就像河北华夏幸福集团那样，公司已经无力还债，即将破产倒闭。可是，两年前，老板在股市套现131亿元，这是一种非常奇怪的现象。不只是华夏幸福，泰禾、恒大等房企也先后出现了债券违约、高管套现的现象。事实上，卖不了房，收不来钱，融不来资，开不了工，高价融资买的地还在一天天"花着"大量费用，还有大量的债务即将到期。企业一旦破产，购房者也可能将面临楼盘烂尾，已经办理房贷的房子没见着却要还月供，办理不动产权证难等一系列社会问题。据统计，2020年我国商业银行处置不良资产超过3万亿元人民币，在2021年3月26日的一场不良资产线上推介会上，中国信达资产管理公司江苏分公司共计推出740个、涉及本金179.91亿元的不良资产，主要分布于苏南、苏中、苏北3个区域，抵押物囊括工业房地产、酒店和商铺、住宅等多种类型。试想，如果有了REITs制度，就可以避免出现如此多的不良资产。

根据经合组织分析数据，在部分已经推出REITs的国家，建筑业和不动产增加值占经济总增加值的比重在10%～20%，如果考虑基础设施建设和房地产行业的上下游产业，其对经济贡献度的比重还将更大。换句话说，不动产行业增长10%可带动2%的GDP增长，不动产行业在经济下行阶段成为刺激国家经济增长的强心剂。REITs是财政政策的有力补充。首先，REITs可以使不动产行业拥有更强的活力，拥有更大的流动性及透明度，使同等的财政投入获得更高的回报，为保障经济增长作出贡献。其次，REITs 可吸收社会资金参与大型不动产项目建设，为国有资金退出提供了渠道，促进政府财政健康、可持续发展。

表 1-1 推出 REITs 的部分国家建筑业和
不动产增加值占经济总增加值的比重①

国别	年份	比重（%）
新西兰	1971	14.9
比利时	1990	13.9
土耳其	1998	11.8
希腊	1999	18.1
日本	2000	17.1
法国	2003	16.9
墨西哥	2004	20.5
意大利	2006	18.1
英国	2006	19.8
德国	2007	15.3
芬兰	2009	18.0
哥斯达黎加	2009	15.5
匈牙利	2011	12.9
爱尔兰	2013	10.3
加拿大	2014	19.6
澳大利亚	2016	20.4
荷兰	2016	10.8
美国	2016	17.1

REITs 是信托基金

美国来自英格兰的移民于 1900 年最先在马萨诸塞州建立了这种信托基金，当时叫做 "The Massachusetts Trust"（马萨诸塞州基金），仅限于在本州推广。REITs 属于金融范畴，而金融又是经济的核心，是各国经济发展过程

① 资料来源：OECD。

的一个重要环节。从定义上说，金融是指在经济生活中，银行、证券或保险业者从市场主体募集资金，并借贷给其他市场主体的经济活动，金融的本质是价值流通。金融产品的种类有很多，其中主要包括银行、证券、保险、信托产品等。金融所涉及的学术领域很广，其中主要包括融资学、投资学、银行学、证券学、保险学、信托学以及财务会计管理等。在当今社会，政府、个人、组织等市场主体通过募集、配置和使用资金而产生的所有资本流动都可称为金融。简言之，金融可以看作资金的募集配置、投资和融资三类经济行为。

REITs 是基于信托关系的资产管理，即 REITs 持有者将资金委托给机构管理者，由管理者将资金配置到不动产中，并通过对项目及物业的运营管理为持有人创造价值。笔者对 REITs 有以下理解：首先，REITs 是好的金融产品，它增加了资本市场的投资品种。由于 REITs 提供了不动产市场发展所需的长期资金，是市场的重要供应主体。在过去的半个多世纪里，REITs 在世界各地生根结果，业务模式随着各国和地区相关法律法规的不断完善，业务模式正趋于完善，且被投资人和资金需求方认可。对于投资人来说，REITs 是长线投资金融产品。对于资产持有者而言，REITs 实现了依托不动产的权益性融资，REITs 是一种融资渠道的创新。截至 2019 年末，REITs 已在全球 40 多个国家和地区开花结果，资产规模超过 2.6 万亿美元。其次，REITs 是长期价值投资的工具。它具有专业化主动管理的特点，有不断扩大规模、优化资产组合的需求，可促进投资并购活动，繁荣发展金融市场。管理 REITs 既涉及资产管理人，也涉及物业管理人。

在一些发达市场经济体，房地产市场发展已有 50 年以上的历史。比如美国的房地产行业制度在实践中得到了不断发展与完善，留下了许多有益的经验和成熟的理念以及可以借鉴的操作模式，很多国家都在这个基础上发展了自己的 REITs。今天，REITs 在世界各国的兴起，很多都是参照了美国的经验。在亚洲，新加坡、日本、韩国以及中国香港是最早引入 REITs 的国家和地区，如今 REITs 应用范围更为广泛。随着 REITs 投资领域的扩展，越来越多的基础设施建设项目也采用了这种模式。从全球 REITs 投融资的实践来看，笔者认为，翻译成"不动产投资信托基金"最为合适，一般最好用英文缩写表示。比如在日本，它是这样定义的："REITs——不动产证券化的

J - REIT。"①在新加坡，称为 S - REIT，在韩国称为 K - REIT。

REITs 的资金来源多元化是它的特征，其收益来自不动产租金收入、房地产抵押利息以及出售不动产的收益。REITs 也是资产证券化的一个分支。在一些国家，REITs 的准确定义是以公司或信托（契约）基金的组织形式经营，基于风险分散的原则，由具有专门知识经验的机构，将不特定多数人的资金运用于房地产买卖管理或抵押权贷款的投资，并将所获得房地产管理的收益分配给股东或投资者。从形式上讲，REITs 属于中长期投资。在制度设计上，当资金募集完成后，允许 REITs 股票或受益凭证在交易市场上市，使多数投资者得以通过 REITs 共同参与不动产项目的投资，比如 2018 年韩国平昌冬奥会体育场馆的建设和运动员村的建设均采用了 REITs。由于 REITs 在法律上属于较不具弹性的共同所有制，所以它的组织形式、投资内容、收益来源及收益分配均受到较严格的限制。引入 REITs，法制建设是前提。

在美国 1960 年的税法中，将 REITs 定义为："有多个受托人作为管理人，并持有可转换的收益股份所组成的非公司组织"②。这样一来，REITs 本质上就被定义为封闭式投资公司。之后，随着法律的不断修订和完善，美国对 REITs 的理解也在不断变化。根据美国房地产投资信托协会（NAREIT）的定义："REITs 是指一种公司，该公司拥有并且在大多数情况下管理如住宅、商业中心、写字楼、旅馆、酒店和仓库等收益型不动产。"约翰·A. 穆拉尼在他的 *REITs: Building Profits With Real Estate Investment Trusts* 一书中是这样描述的："REITs 是投资房地产的信托基金，也是投资所有不动产的信托基金。"这样一来，REITs 的范围就更广泛了。

REITs 第一次在美国被全面推广是在 20 世纪 60 年代，当时的动因是为了抑制通胀。由于 REITs 的特征明显，抵押贷款 REITs 随即成了市场上的宠儿，美国的储蓄贷款公司（S&L）大量出现。进入 20 世纪 90 年代后，美国很多民营房地产公司都开始规划上市，1993 年有 50 家企业引入了 REITs，募集规模为 93 亿美元，1994 年规模达到 183 亿美元③，REITs 的市场地位凸显。

---

① 　J - REIT，即 Japan REITs，翻译成中文是"日本 REITs"。

② 　An unincorporated association with multiple trustee as managers and having transferable shares of beneficial interest.

③ 　John A. Mullaney, "REITs: Building Profits with Real Estate Investment Trusts", John Wiley & Sons, Inc. , USA, p. 13.

以上两个阶段是美国 REITs 快速发展的历史高峰期。

图 1－1 是美国官方机构——美国国家房地产投资信托协会的统计数据，由此可以直观地看到美国 REITs 历史上快速发展阶段的进程。[①]

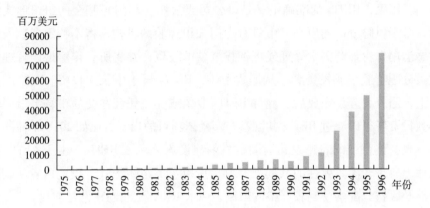

百万美元

图 1－1　美国房地产信托行业股权资本化进程（1975～1996 年）

上文提到，美国传统意义上的 REITs 指专门持有不动产、与抵押贷款相关的资产或同时持有这两种资产的一种封闭式基金，是在基于成熟的共同基金基础上产生的商业模式。这种商业模式包括金融产品工具和服务形式。当然，我们也可以这样理解，REITs 是金融产品的创新，是金融委托服务技术上的升级，因为它将持有不动产的风险和信托的规范性很好地结合起来，尝试创造一种近乎完美的投资工具。[②]这一投资工具可使众多个人投资者参与、享有传统不动产业主同样的收益。在韩国、日本和新加坡，REITs 通过以发行收益凭证的方式，汇集了众多投资者的资金，交给专业机构进行投资管理，基金投资于房地产、酒店、码头、体育场馆等基础设施建设项目，之后以不动产物业产生的租金收入和其价值升值作为偿付投资人收益的来源，把收益按照法律规定返还给出资人。

如果单从货币资产投资视角看，REITs 是一种资本市场与房地产市场有效结合的金融投资产品。但 REITs 在各国的实践不一样，一是不同国家的不

---

① John A. Mullaney, "REITs: Building Profits with Real Estate Investment Trusts", John Wiley & Sons, Inc., USA, p. 13.

② Mark Gordon, "REITS – the Complete Guide to Investing in REITs – Real Estate Investment Trusts", Atlantic Publishing Group, Inc., 2008, Malaysia, Chapter One, p. 3.

动产等基础设施开发阶段随着本国国民经济发展进程有着很大的差别，因而 REITs 涵盖的领域有所不同。二是这种金融产品的创新与其民族经济发展史、国民经济文化、产业基础、法律法规制度建设以及外部政治经济环境都有着很大的关系。三是引入 REITs 与一个国家的金融市场化改革进程快慢有关。

在西方发达国家，信托业这一理念得到民众的广泛接受和应用。所谓信托，主要是作为一个工具来使用，而非一个特殊的金融子行业。信托在亚洲发展中国家起步较晚，且没有信托产生的基础（这种基础包括一个国家在特定时期的经济发展配套政策、哲学理念和投资文化）。在社会主义市场经济的大潮中，尤其是在过去的 20 多年里，我国的房地产业发展迅猛，但融资来源单一。信托起先是银行为开发商输送资金的单一渠道，达到了银企在短期内实现"双赢"之目的。在这个时期，房地产开发商业务发展迅猛，全国范围内开发商如雨后春笋般出现，银行利润年年增长。但是当信贷政策作出调整后，非银行金融机构开始向开发商提供"过桥"资金，制造了中国特色的资金供给模式。同时也导致银行不良资产（NPL）的上升，产生的 NPL 最终还是要由银行处理。

从全国范围看，"6 + 3"政策①出台后，很多开发商资金链断裂，工地施工被迫停工，一些开发商前期预售出去的房子被客户退货。一方面，开发商绞尽脑汁，只能高成本融资。另一方面，开发商寻求其他办法解决发展融资问题，有的开发商自行成立了私募股权基金公司，2016 年全国的私募股权基金公司多达 18500 个（监管当局出台私募股权基金公司需要每半年报备的新政后，截至 2021 年第一季度末，这类公司已经减少到 13000 个左右）。还有的开发商直接入股了地方性商业银行，希望通过这样的途径解决融资问题。为此，监管机构开始关注非银行金融机构的行为，要求不良资产管理公司回归本源。

笔者认为，造成上述现象的原因之一是因为缺少像 REITs 这样的金融投资产品。

金融是什么？金融的本质是"中介"（intermediation），是以简单、直接、

---

① 国家限制对钢铁、水泥等行业的贷款相关政策。

有效的方式将储蓄转为投资，实现资金跨时间和跨空间的交换。从这点看，REITs 是好的金融产品，好金融产品就要引进并推广。邓小平同志早在 1991 年初就指出："金融很重要，是现代经济的核心。"作为现代经济的血液循环系统和发动机，金融渗透于市场经济的每个细胞和毛孔，直接关乎经济的健康有序发展。

结合我国情况，十几年来我国业界对"REITs"有不同的理解，因而有多种称呼。有的叫它"房地产基金"，也有的叫它"房地产投资信托基金""房地产投资基金"以及"房地产证券化"等。如果从运作原理和功能看，REITs 通过证券市场募集社会资金并投资于收益型房地产，投资人分享房地产经营收益的金融工具或金融行为，也是包括房地产在内的所有基础设施建设项目不动产信托基金。REITs 通过证券化的形式将流动性较差的不动产转化为流动性强的 REITs 份额，提高了不动产资产的变现能力。我国商业银行等金融机构将 REITs 定性为"金融产品创新"。但对于社会大众而言，它是一种投资房地产市场的工具及相关金融证券产品，通过投资行为，投资人可获得一个分享房地产市场繁荣发展的机会。因此，我们完全可以把 REITs 理解为采取公司或商业信托运作模式的一种投融资组织形式。前面已经说过，因为 REITs 汇集了很多投资者的资金，委托专业投管机构管理，将资金运用于包括房地产在内的所有基础设施建设，然后又将投资收益分配给投资者，所以，无论是从形式特点上看，还是从定义上看，REITs 都属于不动产产业投资基金。中小投资者通过信托方式能够参与到投资大型房地产等基础设施项目中，在承担有限责任的同时从中获益。总之，REITs 是能为投资者提供的可上市进行交易、从资产池获利的不动产信托基金。

那么，在我国应如何建立 REITs 机制呢？一方面，2008 年 12 月，国务院召开会议研究确定了九条金融促进经济发展的政策措施，其中第五条明确指出，要在国内发展不动产投资信托基金，虽然当时在业内引起强烈反响，但由于各种原因，至今在我国仍然没有真正意义上的 REITs，主要原因应该是相关法律法规等制度的滞后。另一方面，由于 REITs 具有较高的流动性、广泛的参与性、严格的监管要求和自律机制，各级政府和部门出于保护最广泛投资者的最根本利益的协调行为是 REITs 在推进过程中必须要充分考虑，且需要深入研究的问题。在市场经济成熟市场，REITs 不仅是除了为投资者提供可广泛参与房地产市场发展的投资渠道，还是一种全民共享经济和市场繁荣、分享房地产市场发展和增值收益的有效的一种市场化机制。这样看来，REITs 就不仅仅是一种单纯的资产证券化产品，而且是带有浓厚的社会意义和全民共享机制色彩的制度创新。因此，国外的成功实践值得我国学习或借鉴，建议尽快出台相关法律法规。

我国资本市场在社会主义市场经济体制改革初期，企业随之也进行了全面的改革，我们深刻认识到企业不能仅仅依靠银行贷款解决融资的问题，因而建立了证券市场机制。证券市场的创建、发展和成熟离不开广大投资者的踊跃参与。同时，市场的健康持续发展应当也必须建立良好的共享投资收益机制，使得参与市场的投资者能够持续分享企业、产业和经济增长带来的繁荣和利益，这是我国证券市场下一步长期稳定发展的关键。从这点上看，REITs 的定义超出了金融产品狭义的范畴，REITs 是一种金融创新工具，也可称为产品。

亚当·斯密在《国富论》中认为：交换催生了分工的生产和发展，人们能用自己消费不了的自己劳动生产物的剩余部分换得自己需要的别人劳动生产物的剩余部分。这种需求可以通过金融交换机制实现，从历史发展的角度看，资本市场是股份制发展到一定程度的必然产物。回头看我国资本市场近30 年来的发展历程，从无到有、从小到大、从区域到全国，一直在努力实现发展突破和转折性的变化，但还是有很多的问题，尤其是针对金融创新产品的有关法律、法规的滞后，比如有关 REITs 的政策引导及法律、法规的滞后，严重影响了 REITs 的市场化发展。REITs 在其他国家和地区的成功应用，说明企业通过发行股票、债券向大众募集资金，在实现资本集中、扩大社会生产的同时，也为资本市场的产生提供了现实的基础和客观的要求。

自 1602 年荷兰阿姆斯特丹股票交易所诞生以来，世界资本市场已经有400 多年的历史。与其比较，我国资本市场起步较晚。自 1990 年 12 月上海、深圳证券交易所建立以来，我国资本市场在政府的关怀下，在市场发展的推动下，随着经济体制改革的不断深入以及社会结构的不断变革，应该说正在向规模、效率、透明、影响力、开放与创新方面突破。党的十九大报告对完善我国资本市场建设提出了明确的目标和任务，就是要促进多层次资本市场健康有序发展，着力增强资本市场融入国家战略和服务实体经济的能力，提高直接融资比重。从资产证券化的大概念来看 REITs，它不仅仅是一个简单的金融产品创新问题，更是一种采用市场化方式的信用体制创新，是与传统的间接融资和直接融资既有相似又有差异的第三种信用制度。这种制度的创新，不仅会对微观金融实体产生巨大影响，也会推动整个宏观金融制度的布局发生一场变革。到目前为止，尽管我国还没有建立起明确的 REITs 制度，但一些类 REITs 产品已经在市场上出现。类 REITs 的优先级类产品呈债权特征，特点是长久期、收益稳定且适中、低风险，适合追求长期投资、稳定回报的投资者持有。

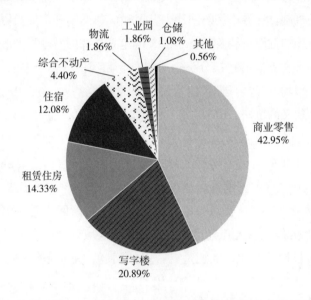

图 1 - 2　中国境内类 REITs 底层物业资产类型的发行金额占比（截至 2019 年 3 月）

　　截至 2017 年末，美国已有超过 200 只公开交易的 REITs 产品，总资产超过 4500 亿美元。我国在 2017 年类 REITs 市场发展较快，全年发行了 16 单类 REITs 产品，总额达到 379.67 亿元人民币，较 2016 年增长 156.1%。2017 年发行规模最大的三只产品是：中信建设在深圳证券交易所的"建投华贺 1 号"，发行额为 55.1 亿元人民币。前海开源资产管理公司在上海证券交易所的"中联前海开源—保利地产租赁住房一号"，规模为 50 亿元人民币。中信证券的私募产品"中信—金石—碧桂园凤凰酒店"，规模为 35.1 亿元人民币。① 据有关数据统计，在 2014～2019 年的五年时间里，我国境内已发行类

----

① 数据来源：毕马威（KPMG）研究报告，2018 年 4 月。

REITs 持有物业类型包括写字楼、购物中心、零售门店、租赁住房、酒店、物流仓储、书店和社区商业。笔者认为，在我国建立 REITs 制度有着巨大的市场需求和客观条件：一是投资市场领域广，比如未来养老基础设施建设投资，对已经进入老龄化社会的我国来说，解决这个需求迫在眉睫。举个例子，针对城市改造而言，由中国化学工程公司承揽的安庆市城改项目涉及 150 亿元的投资规模，对于这类项目建设投资，应开辟多元化的融资渠道，REITs 就是较好的选择。二是通过建立 REITs 制度，补充和完善我国资本市场制度建设，使个人投资者可分享改革的红利，使广大投资者多一种长期投资理财产品的选择。三是改变现行的市场资金供给模式、传统的依靠银行贷款的思维和一些不规范且不透明的解决资金需求的做法。比如，全国各地的中小开发商在银行"6 + 3"政策出台后，项目建设资金源头受到了严格的限制，但工程又不能停下来，开发商大多采用了"关系"融资（所谓的"第三方融资"及高成本融资手段）来维持企业运转，如果未来市场需求发生变化，特别是在当地的不动产市场价格走低时，这样产生的结果可想而知。到头来，为了维护地方稳定，出了问题还是要由政府出面处理，其结果是开发商背负巨额债务、艰难度日；工人登门讨要工钱；在建工程停停建建，也就是说找到了资金，工程就往前推进，没钱了就暂停工程。笔者在调研桂林鲁家村改造项目、合肥北城商业楼盘项目以及晋中城市改造项目中，开发商遇到的问题基本一样。因此，为了解决类似问题，建议除了需要引进 REITs 制度外，对开发商传统的融资思维也要给予正确引导。可以看到，我国商业银行不良资产主要是全国各地房地产业在过去 18 年的快速发展过程中产生的。根据笔者在 2020 年第一季度、第二季度对××银行的调研，我国银行的房地产贷款占银行不良资产的 50% 以上。因为我国自 2002 年实行土地招、拍、挂制度以来，房地产行业进入了一个金融红利的特殊发展阶段。笔者认为，房地产金融占比越来越高不是健康的经济发展模式，金融资源过多地被房地产占用不是好事情。除了银行的大量不良资产外，非银行金融机构也有很多通过"过桥融资"产生的不良资产，这些问题都需要通过引入好的金融产品才能解决，REITs 是可选方案之一。

近年来，我国的银行对类 REITs 做出了尝试，以下是我国一家大型商业银行投放国内首笔租赁住房 REITs 业务后发表的公告：

3月13日，总行资管中心指导北京市分行成功投资国内首单房企租赁住房REITs、首单储架发行REITs—中联前海开源—保利地产租赁住房一号资产专项计划1.3亿元。保利租赁住房REITs是中国保利集团响应中央关于"三去一降一补"等相关政策，携下属保利房地产（集团）股份有限公司与中联前源不动产基金管理有限公司共同实施了国内首单房企租赁住房REITs、首单储架发行REITs，此项目计划获得上海证券交易所审议通过，保利支行密切跟进项目计划进展。该笔业务在客户时间要求紧迫且无任何业务先例可循的情况下，总分行联动合作、前后台紧密配合，最终克服重重困难实现资产投放。此次专业高效投放资产向客户展示了我行资管的实力，也带动行内跨条线业务的协同发展。客户将额外支持我行1.5倍投资额度的企业存款，年化投资综合收益达到6.3%。作为国内首笔租赁住房REITs业务，它不仅是我行在金融改革大背景下抓市场机遇、占领"蓝海项目"先机、积极拓展新型业务的成功尝试，也是资管中心积极响应党的十九大号召，践行"长租即长住，长住即安家"理念，以理财资金支持实体经济的重要举措，更是我行资管业务在落实"蓝海项目"重要战略目标过程中的重大突破。①

从以上描述看，REITs产品是该行资管中心与其他业务部门（条线）联动的一种金融"资产投放"创新产品，该产品为银行带来了1.5倍投资额度的企业存款业务，年化投资综合收益达到6.3%，是2017~2019年我国金融市场上投资回报较高的产品。与发达国家的REITs比较，尽管这类REITs还不能算是真正的REITs，但可以归类为类REITs。笔者认为，在我国REITs相关法律法规尚待完善的状况下，在我国还没有形成完善的RE-ITs运作模式前，也只有大型国有控股商业银行作为受托人才可能避免道德风险，因为上述"REITs"的资金来源是银行的理财资金；而商业银行背书的理财资金是凭借着银行的公信力获取的委托人的资金。非银行金融机构渴望与大银行合作这种"REITs"，原因是银行理财资金是目前类REITs优先级市场最大的需求方，在资管新规出台前，银行理财资金有较强的类REITs产品配置意愿。

---

① 资料来源：《建设银行报》，2018年3月23日，第一版。

REITs 与资产证券化

20 世纪 90 年代初美国 REITs 的复苏是房地产证券化的大趋势的一个证明。与传统投资模式比较，房地产支持证券具有可交易、会计管理规范且透明的特征，因而受到广大投资者的热捧。所谓资产证券化是指将非证券资产转化为证券的过程。资产证券化源自英文的"asset‒backed securities"，业界把它简称为"ABS"。ABS 是指将缺乏流动性，但未来现金流可知的资产通过打包组成资产池，以资产池产生的现金流作为证券偿付的基础，在资本市场发行证券。其特征如下：首先这种证券属于生息证券，可在二级市场流通。其次，ABS 的信用基础是资产池，不是发起人的整体信用。最后，做到了将风险与技术操作隔离，资产池免受发起人破产风险的影响。

REITs 本身是对能够产生稳定现金流（Cash Flow）的不动产物业进行结构化设计的载体，发行以不动产物业租金和未来升值收益作为支持的、可以在资本市场进行流通转让的证券。抽查历史数据，2015 年全球共有 460 只上市 REITs，其中：美国共有 268 只上市 REITs，总市值约 9500 亿美元；澳大利亚共有 55 只上市 REITs，总市值约 879 亿美元；日本共有 52 只上市 RE-ITs，总市值约 877 亿美元；英国共有 40 只上市 REITs，总市值约 779 亿美元；新加坡共有 35 只上市 REITs，总市值约 423 亿美元；中国香港共有 10 只上市 REITs，总市值约 255 亿美元。[1] REITs 对房地产市场的影响很大，通过分析历史数据足以说明这点。而资产证券化是以特定资产组合或特定现金流为支持发行可交易证券的一种融资形式，REITs 符合资产证券化的属性。而在传统概念中，在资产证券化或资产衍生化过程中的基础资产的法律定性包括债权、知识产权、物权、股权等，不包括债权的收益权、知识产权的收益权、股权的分红。在我国，开展信贷资产证券化的金融机构为商业银行、政策性银行、信托公司、财务公司、城商行、农信社以及银保监会负责管理的其他金融机构。[2]

REITs 属于信托型、资产证券化金融资产。根据世邦魏理仕发布的报告，

---

① 林华. PPP 与资产证券化［M］. 北京：中信出版集团，2016.
② 详见《信贷资产证券化试点管理办法》（第二章）。

2006 年全球写字楼投资收益率，北京和上海以 8% 并列首位，高于纽约、芝加哥、多伦多等地 1 个多百分点，而巴黎、悉尼、香港等城市的收益率只有4% ~5% 。所以，发展 REITs 市场（尤其是公募型房地产投资基金）可以使普通老百姓通过资本市场参与房地产（特别是个人几乎无法单独投资的商业、工业、仓储和医疗保健用房）的投资，有助于国家平抑地产价格、保护普通老百姓利益、实现调控目标。参考 20 世纪 90 年代中期美国 REITs 第二次被广泛推广的案例，REITs 为房地产开发商、持有房地产的机构及个人投资者提供了投资渠道，效果良好。

REITs 在成熟经济体的实践告诉我们，写字楼和其他不动产产业是 REITs 的主要投资标的。以波士顿为例，1996 年在波士顿广泛推广 REITs 后，写字楼的空置率从 15% 下降至 7% 。同时，租金上涨，从每平方英尺 189 美元提高到 205 美元。① 因此，从本质上来说，REITs 属于资产证券化的一种方式。REITs 是不动产投资信托基金，是一种证券化的产业投资基金，通过发行股票（基金单位），集合公众投资者资金，由专门机构经营管理，经过多元化的投资，选择不同地区、不同类型的不动产项目或其他基础设施建设项目进行投资组合，在有效降低风险的同时，通过将出租不动产所产生的收入以派息的方式分配给股东，从而使投资人获取长期稳定的投资收益。募集资金的方法由间接金融转换为直接金融，即采用发行证券的形式来募集资金。这种新型融资制度安排，涉及金融、会计、税收等多个领域，它的发展离不开政府的支持和推动。

综上所述，REITs 是投资主体大众化、参与主体多元化、收益高且稳健理想的投资工具，也是一种不动产投融资的新模式。REITs 为不动产开发商和持有房地产的机构（包括个人投资者）提供了一个渠道，让开发商企业和房地产持有机构能剥离收益型房地产的资产。这些公司将旗下的不动产组成一个资产组合，然后设立一个不动产投资信托，在证券市场上发行上市。之所以 REITs 的发起人愿意将他们的不动产资产从公司的资产负债表中剥离，一是许多上市的不动产公司的资产负债表中都有一定数目的房地产资产，但资本市场上的投资者通常低估了这些资产的价值。相反，REITs 上市后，其

---

① John A. Mullaney, "REITs: Building Profits with Real Estate Investment Trusts", John Wiley & Sons, Inc. , 1998 USA, p. 121.

交易价格普遍超过其资产净值。这就促使很多房地产开发商将其旗下持有的有形不动产资产通过 REITs 进行剥离。二是由于不动产资产的账面价值一般都较高，所有持有形的不动产会使开发商的长期收益率相对降低。将这些资产出售给 REITs，一方面会降低公司的账面价值，同时也能减少资产负债率中的负债。三是在不动产投资信托市场建立后，市场迫切需要一些第三方专业化的不动产资产管理机构来管理这些不动产资产并使其增值。四是房地产投资信托通过上市开辟了新的融资渠道，将不动产资产转化成为 REITs 后，开发商可随时在证券交易市场上以相对较低的交易费用出售所持有不动产基金股份。五是多数国家都提供经济和税收优惠政策，刺激不动产投资信托行业的发展。比如免除不动产投资信托相关的地产交易印花税；对分配给投资者的红利免税；机构投资者投资不动产投资信托所获得的预扣税率降低等，新加坡就把机构投资者应交税率从每年的 20% 降低到 10%。

资产证券化中的另一类是包括住房抵押贷款在内的不动产抵押贷款证券。住房抵押贷款证券也是源自英文的 "mortgage – backed securities"，简称 "MBS"。如果再细分的话，可分为个人住房抵押贷款支持证券，即 personal mortgage – backed securities 和商业房地产抵押支持证券 commercial mortgage – backed securities 等。

一方面，MBS 是全球最大的证券市场产品。根据历史统计数据，截至 2010 年年底，美国发行的各类 MBS 的面值就超过了 6 万亿美元，而同期美国国债也不过是 8.8 万亿美元。由此看出，MBS 市场规模反映了美国个人房地产市场的规模，2010 年住房销售 490 万套，以平均价格 220000 美元计算，当年这类交易的美元价值为 1 万亿美元。MBS 市场的快速增长，使得 MBS 产品发行扩张迅速。根据美国工业及金融市场协会（SIFMA）的统计，2009 年第二季度末 MBS 就达到 65000 亿美元，与当时的美国国债市场规模几乎一样大。MBS 的市场规模迫使固收类投资管理人不得不高度关注"产品创新"中的 MBS。[①]

另一方面，无论是从人口基数看还是从可发展空间看，我国的这个市场都将远大于美国市场。MBS 发展空间很大，但美国在 2008 年爆发金融危机，

---

① Frank J. Fabozzi, Anand K. Bhattacharya and William S. Berliner: Mortgage – Backed Securities, 2011 by John Wiley & Sons, Inc., p. 19.

很多抵押贷款出现了问题，值得研究。一是在 2008 年国际金融危机时，出现了一些借款人没有能力偿还贷款。二是由于"产品创新"让一些借款人借贷过度，金融危机到来时造成这些人违约。三是由于房地产价格的大幅波动，让美国的房地产公司损失惨重，房利美（Fannie Mae）和房地美（Freddie Mac）成了被人们高度关注的房企，一时间公司产品发行严重受阻。

从技术层面说，MBS 的估值通常采用以下几种方法：静态现金流收益分析法（CF Yield）、等价债券收益比较法（Bond Equivalent Yield）、零利差分析法（Z－Spread）、蒙特卡洛模拟分析（Monte Carlo Simulation）和期权利率波动估值法（OAS）。通常采用半年、年化投资回报计算。半年/年化回报率分别计算如下：半年回报率 = 期间的收益额/总成本 － 1，计算年化回报率可通过乘以 2 得出。[①]

关于 MBS 的利率风险，常用的衡量方法是久期（duration）管理。久期指在利率波动情况下，单个债券或资产组合的价值如何发生波动的最先近似值（first approximation）。久期没能解释的证券组合价值变动（second approximation）被称为二次近似值，是债券价格和利率波动之间的值，叫做凸性（convexity），即对应于市场利率（投资者的贴现率）的变化，某种投资工具的价格的变化率。斯坦利·迪勒（Stanley Diller）于 1984 年最先引进了凸性（也叫凸度）概念。原因是由于久期本身会随着利率的变化而变化，所以它不能完全描述债券价格对利率变动的敏感性。至于运用蒙特卡洛模拟风险与收益法测算，是一种理论上的复杂方法，要素的引用决定结果。

---

① Frank J. Fabozzi, Anand K. Bhattacharya and William S. Berliner: Mortgage－Backed Securities, 2011 by John Wiley & Sons, Inc. , p. 197.

第二章　REITs 的类别和商业运作模式

房地产信托基金（REITs）分两类，一类是公募 REITs（public equity shares trade），另一类是私募 REITs（the private property market），两者均是基于其物理形式存在的、对基础资产（underlying physical asset）进行交易的信托基金。所谓"基金"就是一种由专业人士管理的集合投资产品，以是否公开发行或向社会特定公众发行的区别，以此界定为公募（public fund – raising）和私募（private equity fund – raising）。公募又称公开发行，是指发行人通过中介机构向不特定的社会公众广泛发售，在公募发行情况下，所有合法的社会投资人都能认购。为保障广大投资人的利益，监管机构对其发行有着严格的要求，比如发行人的信用度和公司治理结构的透明等，都要符合监管部门的要求，经上报批准后方可发行。而私募为不公开发行，是指面向少数特定的投资人发行的方式。私募发行的对象分两类，即个人投资者和机构投资者，比如大型金融机构或与发行人有着密切往来关系的企业。私募发行有确定的投资人，发行手续简单，运作周期短、费用低。在发达经济体国家，由于管理专业、透明，公司治理结构完整，因而 REITs、包括 401K 计划在内的退休养老金、共同基金等公募基金也可通过媒体广告获客。一般来讲，私募基金通常以有限合伙人企业形式出现，即由普通合伙人（GP）和有限合伙人（LP）组成合伙企业。基金公司的经营权在 GP 手里，GP 一般是保险公司、财务公司、社保基金等，GP 和 LP 共同组成的私人股本基金就是一个有限合伙企业。GP 负责寻找投资机会并做出选择决定，提取 1.5% ~ 2% 基金管理费，如果达到最低预期资本回报收益，GP 也从 LP 的利润中提取少量费用，因为 GP 承担了整个交易的风险。广义的私募股权投资按照阶段可分为创业投资（venture capital）、并购基金（M&A fund）、夹层资本（mezzanine capital）和上市前的过桥资本（Pre – IPO bridge finance）等。

关于基础资产 REITs 的具体种类主要又有四种商品类不动产形态，包括住房和公寓、工业物业、写字楼和大型购物中心。如果再往下细分，有养老服务基础设施、高校学生宿舍、旅馆、运动场馆、物流仓库以及电影院等。在 REITs 行业分布中，大型购物中心占比最大。以北京东方广场、上海国金、成都/合肥银泰等大型时尚购物中心为例，这一类大型购物中心定位于时尚高端品牌，比如普拉达（Prada）、迪奥（Dior）、爱马仕（Hermes）、杰尼亚（Ermenegildo Zegna）、菲拉格慕（Salvatore Ferragamo）以及路易斯威登（Louis Vuitton）等，应有尽有。在美国 REITs 各行业分布比较中，零售业占比是最高的，达 18.28%，之后依次是基础设施 13.92%、健康医疗 10.72%、办公楼 8.45%、工业厂房 7.07%……①那么如何评估物业不动产价值呢？微观因素包括不动产地点、租金收入、物业管理支出、空置率及空闲周期等。宏观因素则包括整体经济发展趋势、就业、消费支出、利率波动以及通胀等。笔者认为，REITs 进入 Shopping Mall 这类购物中心是一个好的选择，因为即使是在疫情期间，上海国金购物中心仍然是热闹非凡，顾客需要排队购物。

图 2 - 1 2020 年 12 月作者（左二）参加上海房地产发展研讨会

---

① 统计分析来源：NAREIT, October, 2017。

从国外发达国家和地区 REITs 的实践来看，一种是权益性 REITs（equity REITs），即 REITs 自己持有房地产，房地产的租金收入是其主要收入来源。另一种是抵押型 REITs（mortgage REITs），即 REITs 将资金以抵押贷款的形式借给开发商，或是购买抵押贷款、抵押支持证券，以赚取利息为主要收入来源。关于抵押型 REITs，又可分为三类：抵押贷款 REITs、股权 REITs 和混合 REITs（hybrid REITs）信托。股权 REITs 在早期比较盛行，但在 20 世纪 70 年代，抵押贷款 REITs 则更为盛行。进入 20 世纪 90 年代，又回到了股权信托模式。因为股权信托可获取房地产权益，而抵押贷款 REITs 则通过购买抵押债务，成为拥有抵押留置权的债权人，而且其留置权优先于资产持有人。之后，为了权衡二者之间的利弊，达到投资预期目标，出现并产生了两者混合的投资策略，被称为混合信托。

根据美国房地产投资信托协会（NAREIT）对股权 REITs 的分类，其主要有以下八种类型：一是工业厂房及办公室类地产 REITs；二是零售类，包括商业中心及独立的零售房地产资产；三是住宅类 REITs；四是混合类 REITs，即商住混合类；五是租赁和旅游地区的 REITs，比如 Motel、Hotel 等；六是养老大健康类 REITs，包括康复中心、社区医院等；七是库房类 REITs 及所有权；八是其他类型的 REITs，这类 REITs 有监狱、影剧院、高尔夫球场、4S 汽车销售店等。如果按照市场占比比较，住宅类 REITs 占了 REITs 交易 50% 以上的份额，其次依次为办公室、零售 shopping mall、医养大健康、工业厂房及仓库、旅馆酒店等。

抵押贷款 REITs

抵押贷款 REITs 就是对地产的直接投资，它比股权 REITs 分红高，因为抵押贷款 REITs 期值上升空间有限，虽避免了股市波动风险，但有一定的利率风险。比如抵押贷款 REITs 资产组合初期的利率是 8%，但利率随后变为 10%，其资产组合价值（the portfolio's value）随之降低了 20%。

在实际过程中，资产组合价值同时也会受到其他因素的影响，比如贷款期限和资产质量因素的影响。这类投资早期是针对已有地产贷款的投资需求，包括建设资金和开发贷。而现在的抵押贷款 REITs 已经变成了对地产物业的投资。投资组合包括抵押贷款、抵押物投资。后者的经营主体是美国政府国民抵押协会（GNMA）和联邦抵押协会（FNMA）分别下设的机构和投资银行（Investment Banks）。进一步讲，抵押贷款 REITs 中有的贷款包含了已知的股权参与者，如果抵押物业的现金流增加或在贷款存续期内升值，REITs 的回报就会增加。

前面已经说过，当你投资抵押贷款 REITs 时，投资收益主要来自分红，没有别的收益。当利率降低时，股票市场上抵押贷款 REITs 的价值才会增值。与之相反的是，当利率上升时，股票价格随之走低，因此，抵押贷款 REITs 的风险是利率变动风险。

美国历史上，商业地产的开发曾在很长时间内被抵押贷款 REITs 占领，尤其是在 20 世纪 60 年代后期和 70 年代初期，抵押贷款 REITs 几乎取代了商业银行对地产开发商提供贷款的业务。然而，随着 1973 年的经济衰退、贷款利率的上升，抵押贷款 REITs 出现了不景气的状况，第一波 REITs 行业浪潮的历史随之结束。

到了 20 世纪 80 年代初，抵押贷款 REITs 下降到占 REITs 行业的 4% 左右的份额，这个时期的抵押贷款 REITs 与 20 世纪 60~70 年代的 REITs 有所不同，比快速发展了 20 年的 REITs 要保守很多，提出了很多担保条件，开始关注借款人的偿付能力。贷款可在有担保的前提下，在二级市场出售。有资格购买资产包的机构包括：抵押银行、商业银行、互助银行、信贷联合机构、政府下属的经营公司以及抵押贷款 REITs 公司等。比如储蓄信贷协会、联邦抵押协会、国民抵押协会和联邦住房贷款抵押协会和非公有金融机构中的保险公司、养老金公司、REITs 公司以及其他经纪公司。

这里需要说明的是，美国地产二级市场不仅限于单一家庭的抵押贷款，也包括办公大楼物业等商业地产以及两类混合地产。美国的私营金融机构在促进以上两者地产物业发展方面发挥了重要的作用，这些私营机构包括股份制商业银行、经纪公司和抵押银行。

股权 REITs

20 世纪 80 年代，由于高利率和高通胀同时出现，股权 REITs 变得备受欢迎。投资者如想获得更多的收益，就要考虑适当的杠杆。在这个时候，很多投资者把眼光放在单一写字楼物业上，有的人把目光限定在特定的地域，比如美国东南部的一些州，诸如北卡罗来纳州、南卡罗来纳州、佐治亚州、田纳西州、弗吉尼亚州以及纽约和费城等地。投资股权 REITs 的特点是收益面较广。抵押贷款 REITs 虽然当前分红高，但增值空间小。而股权 REITs 的收益一方面可来自分红，另一方面来自物业本身的租金上涨。

混合 REITs

第三类是所谓的"混合 REITs"，既有抵押贷款投资，也含地产物业投资。

大多数混合 REITs 是针对大健康产业的，两头都投。混合 REITs 当期收益高于股权 REITs 收益，低于抵押贷款 REITs 收益。在后期，混合 REITs 增值空间低于股权 REITs，高于抵押贷款 REITs。

在美国，20 世纪 70 年代抵押贷款 REITs 垄断了市场，80 年代中期及 90 年代，股权 REITs 赶上且逐渐超过抵押贷款 REITs。

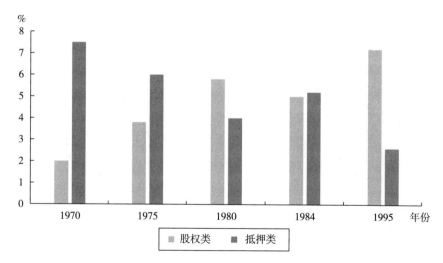

图 2 - 2　20 世纪 70 ~ 90 年代美国 REITs 行业投资类型变化柱状图

[数据来源：美国国家房地产投资信托协会（NAREIT）①]

---

①　John A. Mullaney, "REITs – Building Profits with Real Estate Investment Trusts", 1998 by John Wiley & Sons, Inc. , USA, p. 6.

从宏观视角看 REITs

REITs 是信托的一种，属于不动产信托融资、投资范畴。即，由专业机构把闲散投资者的资金汇集后，经过对项目的研究、分析、评估，将资金投向能产生收益的房地产、基础设施项目，这类不动产包括住宅、影院、大型商场综合体、体育场馆、工业园区、大健康活动场所、酒店、奥特莱斯、养老院、高尔夫球场以及一切与基础设施建设有关的不动产项目。美国REITs第二次快速发展时期（1995 年）的不动产类别和资本化率如表 2 - 1所示：[①]

表 2 - 1 美国 REITs 不动产类别和资本化率（1995 年）

不动产类别	资本化率（%）
酒店	10. 1
市中心办公楼	9. 5
配电中心	9. 5
社区活动中心	9. 5
市郊办公楼	9. 1
工业	9. 0
公寓	8. 8
地区商场	8. 3

进入 20 世纪 90 年代中后期，美国有关商业地产（commercial real estate）规模达到3. 2 万亿美元[②]，应该说，美国的法律对 REITs 发展起到了保驾护航的作用。美国有关信托的法律主要是《统一信托法》，该法第四条规定了信托设立、变更和终止的必要条件。在美国，大多数信托设立的必要条件是按照传统的原理设计，包括意愿、能力、财产和正当的信托目的。《信托统一法典》比较系统化、综合性地涵盖了信托法律问题，上至信托行为、信托市

---

① 数据来源：美国不动产研究公司（Real Estate Research Corporation）。John A. Mullaney, "REITs – Building Profits with Real Estate Investment Trusts", 1998 by John Wiley & Sons, Inc. , USA, p. 27.

② John A. Mullaney, "REITs – Building Profits with Real Estate Investment Trusts", 1998 by John Wiley & Sons, Inc. , USA, p. 1.

场主体，下至相关配套的法律制度。结合信托领域的不断发展和各州文化传统，在默认规则、受托义务和受益人权益保护等细节上不断进行调整。这里所说的"受托人义务"是指谨慎投资人规则。

另外，美国的法律架构与很多国家法律架构不同，其法律浩如烟海，很多法律都是随着社会的不断发展制定成文，既有全国统一的联邦法律，又有各州互不相同的州法律，在依据某项法律时，州法律在管辖权上优先。实践中发现，这些法律之间的相互冲突与协调，使得美国的法律体系呈现出复杂多元、立体交叉、不断变化的特征。2014 年国家选派笔者去乔治城大学学习期间，笔者系统地研究了《美国银行法》《联邦税法》《证券法》《信托统一法典》以及《联邦证据规则》等法律法规。

图 2 - 3　2000 年在国外陪同全国人大财经委副主任铁道部（原）部长傅志寰先生

既然是信托投资，就要依照信托法运营管理。我国《信托法》第二条规定：本法所称信托，是指委托人基于对受托人的信任，将其财产权委托给受托人，由受托人按委托人的意愿以自己的名义，为受益人的利益或特定目的，进行管理或者处分的行为。REITs 这种信托模式体现出了五重含义：一是委托人将财产委托给受托人后对信托资产就没有了直接控制权。二是受托人完全是以自己公司的名义对信托财产进行管理处分。三是受托人管理处分信托财产需要符合委托人的意愿。四是这种意愿是在合同中明确的，也是受托人管理处分财产的依据。五是受托人管理处分信托财产必须是为了受益人的利益。

从不动产投资运作看

无论何种产业，实体投资都受欢迎。

如果把 REITs 定义为一种稳定收益型投资产品，从全球的实践看，其特点体现出收益稳定特征，收益率相对高一些，但也不是完全没有风险。从新加坡的实践看，投资不动产（多指公寓）的毛收益率大约在 3%，如果再考虑 10% 的不动产税以及租金收益所得税，收益率会低些。从纯收益的视角分析，低于 3% 的收益率不可能补偿投资风险，安全系数非常低。与之相比，高质量的 REITs 净收益率可超过 5%。美国的 REITs 实践更能说明其资本溢价长期以来与通货膨胀率保持一致，在大多数情况下还能跑赢通胀。

从混合基金角度看

REITs 本质上是证券化的产业投资基金[1]。

REITs 通过证券化的形式，将流动性较差的不动产转化为流动性强的 REITs 份额，提高了不动产资产的变现能力，缩短了资金占用时间，提高了资金利用效率。[2] REITs 在 2003 年被引入中国香港房地产市场，2005 年 11 月，领汇房地产投资信托基金在香港上市，是香港的第一只 REITs 基金。REITs 基金广义上通常可分为三类：公募 REITs 基金、私募 REITs 基金和准 REITs 基金，国际资本市场上大多为公募 REITs 基金。

与股票一样，REITs 的特点是流动性强、可上市交易。但是中国市场上出现的多是准 REITs，也就是业内人士常说的类 REITs。比如，中信建设在

---

[1] 余红征. 多方博弈、良性互动中的房地产信托——我国房地产信托的现状、问题与战略应对，2007.

[2] 刘金凤，许丹，何燕婷. 海外信托发展史 [M]. 北京：中国财政经济出版社，2009.

深圳证券交易所的"建投华贺 1 号"，发行额为 55.1 亿元人民币。前海开源资产管理公司在上海证券交易所的"中联前海开源—保利地产租赁住房一号"，规模为 50 亿元人民币。中信证券的私募产品"中信—金石—碧桂园凤凰酒店"，规模 35.1 亿元人民币。私募 REITs 基金，指以资产支持专项计划作为载体的 Pre–REITs，也就是说先设立以不动产物业非公募 REITs 基金作为主要退出渠道，比如中信启航①专项资产管理计划、中信华夏苏宁云创资产支持专项计划等。

如何设立专项计划？通常做法是投资方与受托机构签订认购协议，将认购资金以专项资管计划方式委托管理方（机构）管理，管理方设立并管理资产支持专项计划，投资方即成为资产支持证券持有者。由于资产证券化交易结构非常专业，若想准确地判断资产证券化交易的风险价值关系，需要各种精深的专业知识，而大多数投资者都难以具备。

通常，机构进行投资风险分析时会从三个方面入手：一是分析基础资产的信用质量；二是分析交易结构的风险；三是结合基础资产的信用质量及交易结构的设计进行现金流（CF）分析与压力测试，来确定资产支持证券最终的信用等级。机构对资产证券化评级过程中将涉及法律、会计、税收等一系列问题。

比如资产池组合分析内容包括：

资产池债务人的加权平均影子评级；

资产池的加权平均期限，包括债务账龄及剩余期限；

资产池债务人集中度；

资产池债务人影子评级分布；

资产池的行业分析与地区集中度，包括分布与相关性；

历史违约率与回收率。

通常采用蒙特卡洛（Monte Carlo simulations）模型进行风险量化分析。该模型通过技术分析来模拟系统中每一部分的变化，分析资产池中每笔资产的违约率与回收情况，评级机构据此确定资产支持证券所需的信用增级，

---

① 中信启航专项资管计划成立于 2014 年 4 月 25 日，规模 52.1 亿元人民币，投资标的为北京中信证券大厦和深圳中信证券大厦。该基金由中信金石基金管理有限公司管理，退出时该基金计划将所持物业出售给由中信金石发起的交易所上市 REITs 或者第三方。

比如:①

$$公司价值 = 被关注概率 \times$$
$$调整后的现金流价值 +$$
$$(1 - 企业生存 [持续运营] 概率) \times$$
$$处置 (问题) 资产价格$$

通常,评级机构会根据资产证券化交易特征,通过预设一些外部模拟场景进行现金流分析及压力测试。以商业银行资产证券化为例,具体的压力测试场景包括基准利率变化、早偿或延迟、提前触发机制、违约提前发生或违约率飙升、回收处置延后或回收率降低等。以测试在不同压力情况下基础资产现金流在各个支付时点对资产支持证券本息的偿付。如果压力测试结果不理想,则需要根据现金流分析模型反映出的具体情况,通过调整资产支持证券的优先级发行规模或预定等级或通过调整交易结构增加触发机制等方法,保障资产支持证券的本息在各个支付时点都能按照约定的条件及时足额偿付。

从上市交易视角看

从上市交易视角看,REITs 波动性相对普通股票较小,其特征包括:公司估值 (firm valuation in the stock market)、独特性 (unique features and terminology)、产业发展趋势 (strategic review of the industry)、深度研究 (some deeper issues)。

总之,包括房地产在内的所有不动产投资基金是不动产业与金融产业相结合的一种模式或产品。既然是产品,它的设计与发行要求专业金融机构必须全程参与。从国外市场发展走过的道路和积累的经验看,证券公司、基金公司等金融中介和服务机构在房地产投资基金市场的发展过程中不可或缺。因此,我国证券公司、基金公司通过参与不动产投资基金的研究、设计、定价、发行、承销、交易、资产管理等环节,可大幅提升自身的核心竞争力和盈利能力,有利于提高我国证券类金融机构大资产管理业务的

---

① Aswath Damondaran: *Investment Valuation – Tools and Techniques for Determining the Value of Any Asset*, second ed., John Wiley & Sons, Inc., 2002, New York.

国际竞争力。积极主动推进 REITs 是证券公司、基金公司进一步发展壮大的重要契机。

REITs 产品与不动产上市企业有很大的区别。前者以底层物业作为基础资产，业务单一、运营稳健、高分红（多数国家法律规定 90% 可分配利润必须用于分红）、低杠杆（但有的国家不是）。而不动产上市企业资金主要用于地产开发，业务产业链长、高杠杆、受国家宏观经济政策调整影响，企业经营风险难以把控。

单从产品看

REITs 是以稳定租金作为回报的投资工具，其定价基础是基于对不动产资产现金流进行理性、系统的分析来进行定价的。REITs 的推出，将可起到重新审视房地产估值和资本化率的作用，特别是对于目前流动性较低的市场尤其如此。这样，就能将价格租赁比（Price - rent Ratio）保持在一个合理区间内。应该相信，REITs 在资本市场的兴起，将给大众带来更为理性的价格认知方式，减少非理性的价格预期，从而减少盲目投资的损失以及挤压后的房地产泡沫。对于非银行金融机构以及银行来说，REITs 就是金融创新产品，它具有流动性、低杠杆和公司治理结构完善等特点。实质上，REITs 是一种标准化的、可流通的证券类产品，是内在包含信托关系的、主要投资于不动产相关权利和收益的共同基金。

说到美国共同基金，在短短的 20 年时间里，共同基金就从夫妻店式的小作坊成长为金融巨人。美国共同基金的极大繁荣，已经将股票型基金资产扩张了 100 倍。截至 2009 年，从 20 年前的 3400 亿美元一下子上升至 30 万亿美元，共同基金的投资人数已经增加到 20 年前连做梦也想不到的程度，形成了一个独特的产业。从某种角度来说，它类似于我们的证券投资基金，能够在证券交易所上市流通。如果仅从金融投资产品看，其特征有以下两个：首先，REITs 投资回报普遍高于同期其他金融产品。"经研究显示，美国 REITs 的投资回报远高于标准普尔 500 的收益率。"[1] 其次，REITs "在境外成熟市

---

[1]　刘金凤. 海外信托发展史［M］. 北京：中国财政经济出版社，2009.

场已经发展成为紧随现金、债券、股票之后的第四大金融资产产品类投资选择"。①

REITs 的两种模式

从美国 REITs 行业的实践看，REITs 有两种运作模式，一种是类似于共同基金投资管理模式，即封闭式基金（closed - end mutual funds）。各国的证券投资基金都是资本市场整体稳定和发展的重要力量。美国等发达国家的证券市场发展模式和经验教训是发展中国家学习借鉴的靶子。借鉴什么？一是基金投资理念应注重短期业绩向长期价值投资回归。二是基金行业需要树立以投资者为中心的服务思想与理念，必须认识到基金行业的本质是受人之托、代人理财，为投资者提供专业高效的投管服务，保护投资人利益是基金管理公司的最高宗旨。三是要加强基金产品的研发以及投资方式的创新，基金管理公司若要在激烈的竞争中生存和发展，必须注重创新，以差异化的产品和精细化的经营才能立足和取胜。四是需要不断完善公司治理结构和行业自律。做到既要规范市场秩序，又要放松对合理市场行为的过多管制，不断释放市场自身的活力和创造力。五是加强外部监管。另一种 REITs 是公司管理型，由专业化的机构为投资人、承租人及任何使用者提供服务，出资人与管理机构之间是委托人与受托人关系。总之，"REITs 属于一种商业信托"。②

REITs 与其他上市公司比较，最大的不同是 REITs 可享受政府税优政策带来的好处。

在美国，首先是 REITs 不用在联邦政府层面缴税，在很多州也不用缴税。其次是通过 REITs 产生的利润，都直接分配给投资人（股东），避免了双重缴税。而其他上市公司则需缴税。之所以 REITs 可享受税优，主要是美国的这项法律是比照共同基金法规制定的。同时对 REITs 也提出了如下要求：

a. 75% 的资产必须投资于不动产或其他 REITs 的股权，政府债。

b. 收入的 75% 以上必须来源于不动产投资。

---

① 聂梅生，全国工商联房地产商会，2016 年 2 月。

② John A. Mullaney，"REITs – Building Profits with Real Estate Investment Trusts"，1998 by John Wiley & Sons, Inc. , USA, p. 3.

c.90% 以上的收入必须来自不动产投资或分红、利息收入及资本利得。

d. 必须将利润的 95% 分配给股东。

e.4 年内，不动产销售收入不能超过 30%。①

既然 REITs 是为投资者提供的可上市进行交易并从资产池获利的不动产基金，它就属于信托金融，那么监管部门就要按照信托的特征制定《信托法》。

国际上信托的定义

何为信托? 信托是一种特殊资产管理制度和法律行为，同时它也是一类金融制度，与银行、保险、证券共同构成了现代金融的四大支柱。信托作为一种为他人利益而管理财产的制度，早在罗马法中就已经存在。罗马法中的信托观念来源于拉丁文"Fidei Commissum"，在古罗马，"Fidei Commissum"主要用于遗产转移，故被称为遗产信托，这实为罗马人为规避市民法严格规定的一种形式，遗产信托制度因而得以确立。但那时主要用于遗产转移，故被称为遗产信托。

现代意义上的信托并非如同罗马中的古制，它源自英国的"用益权"（Uses）。信托的英文是"Trust"，现代信托是在英国的模式基础上发展起来的。从世界各国信托业的发展史可以看出，由于世界各国的国情和文化背景存在着差异，信托业表现出很大的不同，从各国的实践看，信托品种一直是随着社会环境的变迁而不断创新。早期信托的主要利用者是个人，但发展到今日，公司企业早已是信托的重要利用者，早期的信托主要表现为一种家庭财产的授予与安排的民事信托，而现代信托的发展则将它与商业有机地联系起来，并因此使得信托更加富有生命力，信托金融化和商业化成为现代信托的两大典型特征。

虽然英国人创立了现代信托制度，但没有给予信托一个成文的法律定义，将信托制度发扬光大的是美国。同样如此，在其他英美法系国家，大多也没有信托的成文的法律定义。世界上的法系分为大陆法系、英美法系两种。大

---

① John A. Mullaney, "REITs – Building Profits with Real Estate Investment Trusts", 1998 by John Wiley & Sons, Inc. , USA, p. 4.

陆法系以德国、中国、日本、韩国等为代表，法律一般为实体法，即有成文的法典存在。比如，日本《信托法》规定："本法所称信托，是实行财产权转移及其他处分而使他人依一定目的的管理或处分财产。"① 韩国《信托法》规定："本法中的信托，是指以信托指定者（信托人）与信托接收者（受托人）间特别信托的关系为基础，信托人将特定财产转移给受托人，请受托人为指定者（受益人）的利益或特定目的，管理和处理其财产的法律关系。"② 英美法系主要以英国、美国为代表，其法律没有成文法典，由判例法、习惯法和司法实践的经验组成。海外信托制度源于英国的用益权制度，而房地产投资信托则源于美国，英美对信托的定义是一种"专项"法定义务，约束受托人为了受益人的利益，处理他所控制的信托财产，受益人可要求强制实施这项义务，受托人的疏忽或者不当行为未得到信托或者法律豁免的，均构成违反信托，应承担相应的责任。英美学者认为，信托是"约束某人（受托人）为另一个人（受益人）利益管理他所支配财产（信托财产）的横评法义务，受托人本人也可以成为受益人之一，且任何一位受益人都可以要求该义务得到履行"。③

大陆法系学者在解释产生于英美法环境中的信托制度时，这对他们来说无疑是一种新的权力现象，但我们只要细细分析民法中的"意思自治"原则，就可以发现他们已经为信托制度提供了机制。虽然在大陆法系没有英美法系盛行的"双重财产权说"，但为了解释现实中存在的信托制度，在大陆法系国家也先后出现了不同的解说，如在日本就相继有"物权—债权"说、"法主体说"和"物权债权并行说"等。④ 通常人们认为《信托法》将物权分解为三个不同的权利，即所有权、使用权、收益权，并对三种权利的责任、义务和权利在委托人、受托人和受益人之间进行了明确的规定。但是，不同的法律体系的信托法对财产权有不同的解释，这在认知财产权的效力和范围时应加以注意。在英美法（普通法）中，受托人对信托财产的权利是一种普通法上的所有权，而受益人则拥有横评法上的所有权，从而形成并接受"一

---

① 日本《信托法》。

② 韩国《信托法》。

③ Patrick Mcloughlin & Catherine Rendell, "Law and Trusts"（1992）.

④ 刘书燃. 论国际信托的法律适用——兼谈我国涉外信托关系的法律适用立法［EB/OL］.（2006–12–18）. 信托法律网.

物二权"的状态存在。而在大陆法系中，物权法中并不存在两个所有权的情况，或者说不认可"一物二权"，因此，大陆法系的信托法中对财产所有权的真实拥有并未作明确规定和说明，只是在实践中执行"一物二权"的概念。

综上所述，金融信托具有专业化管理、信用、资产转移和控制、产权、目的等特征，金融信托的本质是可靠的财产权安排制度。美国的信托制度是非常完善的，在 1890 年就完成了法制建设，通过了《反托拉斯法》（*Anti - Trust*）；1932 年出台了《证券法》《上市公司交易法》，美国的上市公司是大众持股。因此，在严格的法律环境下，美国的职业经理人深知自己的信托责任，美国的股票市场只有短期波动风险，没有长期投资风险，这是美国 RE-ITs 获得成功的最根本原因。新加坡的 REITs 运作更是透明化、流程化，所以，REITs 在新加坡也获得了成功。

REITs 融资战略

美国、新加坡的实践告诉我们，法律完善、管理透明是 REITs 成功的前提。

从经济效益讲，REITs 的融资成功与否就是一个词，即不动产所在的地理位置（location）。在 20 世纪 90 年代，美国的实践还告诉我们，REITs 能否成功运作，也是一个词，即管理（management），以上两点是实现 REITs 的关键。[①]

关于 REITs 的融资战略，其实就是公司的发展战略，尤其是对于需要大量资金投入的不动产行业来说，资金来源多元化可对预期回报（ER）降低风险。也就是说，要尽可能地避免出现预期回报的风险敞口（RE）。如何管理风险？经营 REITs 的公司通过加权平均资本成本（WACC）进行监测。也就是说，考虑了公司所使用的各种资金和它们所占比例的资本成本，这种计量方法的重要性体现在投资评价过程中。公司希望有一个最佳的资本结构，这种资本结构在公司经营中，应保持下去。无论筹资渠道来自哪里，资本必须具有与加权平均资本成本相等的收益。

---

① David Geltner and Norman G. Miller, "Commercial Real Estate Analysis and Investments", 2001 by South - Western Publishing, the United States of America, p. 640.

REITs 与资产证券化 PPP 的比较分析

第一章以及本章前半部分里，我们对 REITs 做了介绍，那么它与 PPP 有什么区别呢？

PPP 是英文"Public – Private Partnership"的缩写，翻译成中文是"公私合作伙伴"，"公"是指公共部门，"私"即私营机构。PPP 就是公共部门和私营部门针对提供公共产品和服务而建立的合作关系。由于世界各国的实践不同，因而对于 PPP 并没有一个被广泛认可和接受的定义。以下是世界银行、亚洲开发银行、欧洲委员会、美国和加拿大对 PPP 的定义：

世界银行对 PPP 的定义（Definition by the World Bank）：A long – term contractual arrangement between a public entity or authority and a private entity for providing a public asset or service in which the private party bears significant risk and management responsibility.（公共机构、部门与私营机构之间就提供公共产品或服务而签订的长期合作协议，合作中私营机构承担主要风险和管理职能。）

亚洲开发银行对 PPP 的定义（Definition by the Asian Development Bank）：The term"Public – Private Partnership"describes a range of possible relationships among public and private entities in the context of infrastructure and other services.（PPP 是指公共部门和私营部门在基础设施建设和其他服务提供方面建立一系列合作关系。）

欧洲委员会对 PPP 的定义（Definition by European Commission）：Private – Public – Partnership refers to forms of cooperation between public authorities and the world of business which aim to ensure the funding, construction, renovation, management or maintenance of an infrastructure or the provision of service. （PPP 指公共部门和商业部门之间的一种伙伴关系，旨在确保基础设施或公共服务的融资、建设、改建、管理和运维。）

美国国家委员会对 PPP 的定义（US NC PPP）：A Public – Private Partnership is a contractual arrangement between a public agency (federal, state or local) and a private sector entity. Through this agreement, the skills and assets of each

36

sector（public and private）are shared in delivering a service or facility for the use of the general public. In addition to the sharing of resources, each party shares in the risks and rewards potential in the delivery of the service and / or facility.（PPP 指包括联邦政府、州政府的各级政府公共部门与私营机构间的合作。通过这种模式，参与方可整合技能和资本，为社会公众提供服务和基建。除了能做到资源整合，参与方还共担风险、共享未来的收益。）

加拿大对 PPP 的定义（PPP Canada）：Public – Private Partnerships are a long – term performance – based approach to procuring public infrastructure where the private sector assumes a major share of the risks in terms of financing and construction and ensuring effective performance of the infrastructure, from design and planning, to long – term maintenance.（PPP 是指采购公共基础设施所使用的一种长期的、基于优先绩效考虑的一种合作模式。模式合作中，私营机构承担项目从设计到长期维护的整个生命周期过程中的融资和建设风险，同时确保基础设施项目建设能安全运作。）

表 2 – 2　REITs、房地产上市企业和 PPP 资产证券化模式的比较

维度	模式		
	REITs	房企上市企业	PPP 资产证券化
收益评价	资金以投资具有稳定租金收入的物业，收益来源稳定，经营风险较低	资金主要用于房地产开发，未来收益有不确定性，经营风险较高	资金主要投资于具有稳定现金流（CF）的基础设施建设项目或社会公共服务项目，收益来源稳定，经营风险较低
分红政策	收益稳定，90% 以上利润用于分红	收益不稳定，随意性大，通常少于 50% 的净利润用于分红	收益稳定，无明确分红政策限制，但可以通过公司章程约定分红比例，一般比例都较高
举债要求	有较严格的举债上限，使用较低的杠杆比率，投资人承担风险可控，比如中国香港规定借贷比例上限为总资产的 45%，新加坡规定为 35%（没有信用评级）	举债高，财务杠杆高	没有明确举债上限，财务杠杆普遍高于 REITs，但低于房地产上市公司

维度	模式		
	REITs	房企上市企业	PPP 资产证券化
投资人保护	资产信息透明，定期接受审计，出示公告。通过受托人与物业管理公司的合作及相互监督机制，用制度约束行为，公司治理架构规范	按照上市公司要求披露信息	立法层面高，还款来源需经论证分析，预算制管理，财务管理规范且严谨。与传统的地方融资平台项目比较，可较好地保护投资者利益。信息透明度低于REITs 和上市公司
风险因素	资产驱动投资，主要风险来自不动产经营	除了不动产经营风险外，还有一定的财务管理风险和战略制定风险，属于管理驱动投资	风险主要来自不动产的运营，财务风险及战略风险较低

资料来源：杭琛，韩国发展研究院论文，2003 年 2 月。

另外，REITs 常与私募股权基金相伴随，其运作结构如图 2 - 4 所示。

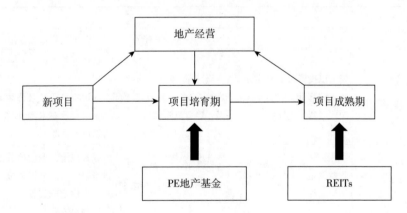

图 2 - 4　REITs 运作结构

第三章　REITs 与其他投资产品比较分析

　　REITs 属于信托金融范畴，但它也属于资产管理的一类。麻省理工学院、乔治城大学和韩国发展研究院公共政策与管理学院都把 REITs 归类为财富管理（Wealth Management）或说成是资产管理（Asset Management）。以上两个英文短语译成汉语都可以说是"资产管理"。在我国，财富管理指商业银行的一种服务，针对高端客户，银行内部设有专门的部门——高端客户财富管理部。其实，这种叫法不准确。"财富"的概念包含了自然资本、生产资本、人力资本和社会资本四大要素。①至于资产管理公司（AMC），在我国通常指华融、信达、东方和长城资产管理公司，我国的这四大资产管理公司都是由财政部出资，在 1999 年创立的非银行金融机构，它们经过 20 多年的发展，业务覆盖面非常广。但是在韩国，涉及不良资产处置业务的资产管理公司只有一家，即韩国国家资产管理公司——KAMCO，这是因国情不同而产生的不同模式。美国、韩国的资产管理公司（AMC）可分为两类，一类是进行正常资产管理业务的资产管理公司，牌照单一，不需要特许的金融机构许可证。另一类是专门处理银行不良资产的金融资产管理公司，须持有监管部门颁发的经营许可证。美国、韩国 REITs 机构属于前者，韩国的不良资产管理公司（KAMCO）属于后者。

　　需要说明的是，资产首先要明确定义，资产是资产管理的对象和客体，是资产管理得以顺利实施的客观载体，而产品是服务资产管理的手段，是一种服务资产管理的工具。在 REITs 出现前，个人和机构投资者主要通过两种途径投资包括房地产在内的不动产。一种是直接投资于不动产实体，另一种是间接投资于不动产上市公司的股票。REITs 出现后，很多投资者选择了这

---

　　①　世界银行，1995 年年鉴。

种稳定收益型产品，因为 REITs 管理透明，风险可测，分红有保障且收益较高（与其他投资产品比较）。从受托人角度看，REITs 既然作为资产管理的一种，就具备了同其他资产一样的一些共性，即特定权属指向、可用货币计量、价值集合和价值波动等。

20 世纪 90 年代中期，REITs 在美国的投资收益好且发展较快。根据美国国家 REITs 协会提供的数据，笔者对其分类汇总统计如下：

表 3-1　美国 REITs 收益（1995~1996 年）　　　　单位：%

REITs 类别	1995 年	1996 年
公寓住宅	12.3	28.4
产品库房	10.7	34.9
地方超市	3.0	44.6
Strip 中心	7.4	33.9
奥特莱斯	(2.8)	3.5
工业厂房	16.2	37.0
写字楼	38.8	51.8
混合建筑	—	40.8
自助仓储	34.4	42.0
养老中心	24.9	19.9
租赁	31.6	30.8
酒店	30.8	49.2
综合便民服务中心	21.2	32.8
股权 REITs 投资回报	15.3	35.3
抵押 REITs 投资回报	110.8	52

既然 REITs 属于金融信托服务行业，归属信托资产，那么 REITs 的本质就是信托。它的运作有以下几方面，目的一是为人类社会每个成员提供拥有和分享资产所创造的价值的机会；二是为所有资产拥有者、控制者提供专业化的资产管理服务，包括投资、资管和资产转移等；三是为所有具有价值的资产创造潜能，提供专业的流动化运作服务。单从融资角度解释，信托融资模式追求的最高目标是公平与效率的均衡。如果把 REITs 视为金融投资产品，我们可以把它的归属回到金融的本质，其价值可用现金来体现，其特征有三——信用、资产配置和流通。综上所述，REITs 是以信托为基础，对所托

资产进行全程管理，为投资方提供服务取得回报，为融资方提供资金，两种服务均可实现社会价值的正向增加。

近几十年来，REITs 在美国、韩国、日本、新加坡、马来西亚及中国香港等国家和地区颇受欢迎。因此无论是从欧美发达国家经济发展所走过的道路来看，还是从日本、韩国以及中国香港经济快速发展走过的路来分析，金融信托服务都是现代经济发展的核心，是经济运行的血脉。几年前，我国经济已经由高速增长期转向高质量发展阶段，调结构、促发展成为共识。在优化经济结构、转换增长动力的攻坚克难时期，金融创新显得尤为重要。党的十九大报告中的一系列重要论断，为新时代金融改革发展提出了新的要求。一个经济体的发展与繁荣，根本途径是实体经济的发展壮大。因此，金融作为工具和撬动经济发展的杠杆，早已成为经济有序发展运行的核心和社会资源配置的驱动器。众所周知，实体经济是金融发展的根本，为实体经济服务是金融的宗旨。正是这样，金融创新就显得格外重要，而 REITs 恰恰就是一种能创造稳定收益的金融产品。一方面，REITs 既可以使投资者对投资回报满意，又可以促进包括房地产在内的基础设施建设的健康发展。另一方面，对于其收益率的评价，业界通常把 REITs 与股票、债券、商业信托等金融产品进行比较，以证明 REITs 的优越性。REITs 是一种稳健的投资产品，能够验证马克·吐温在他的《赤道环游记》（*Following the Equator*）中所说的话"人这一生有两种时候不应该投机：一种是担当不起的时候，一种是担当得起的时候。"在人一生的不同年龄，你作出的最为重要的投资决策，关系到你如何平衡资产类别，确定股票、债券、房地产、货币市场证券等资产类别在投资组合中的权重。笔者建议，人们为自己年老后的现金储备，应该选择像 REITs 这样的投资产品。

股票投资

美国股票投资兴起于 20 世纪初。卡尔文·柯立芝（Calvin Coolidge）曾经说过："美国的事业就是工商业"，资本家和商人被比喻为传教士，几乎被奉为"神"。从 20 世纪 30 年代大萧条前开始，美国民众就已经开始迷恋股市，1928 年以来，投机股市在美国变成了一项全民消遣。《新闻周刊》引用一位经纪人的话说：投机者以为无论自己买入什么股票，都会在一夜之间翻倍。自那个时候起，权益类投资产品的收益率高于其他投资产品的文化理念深入民心。但证券市场好比一家大餐馆，里面有各种菜肴，适合不同口味的需要，就像没有任何一种食品能成为所有人的最爱，同样也没有任何一种投资工具对所有投资者都是最好的。以后发生的事情证明股市有风险、投资需谨慎。从 20 世纪美国股票市场价格走势曲线图不难得出结论，当时发现一系列随机数字会随一个时间序列的股价同时出现，即使最早的研究支持股价走势随机性这个一般结论，时间更近的研究表明，随机模型在严格意义上并不能站得住脚。在股价的变化中，似乎存在着某些股价运行模式。在短时间的持有期内，有些证据证明股市中存在着趋势。股价上涨之后，紧随其后的股价走势，上涨的可能性要稍大于下跌。在较长时间的持有股票期间，似乎存在均值回归的现象。经过为期数月或数年的大幅上涨之后，随之而来的常常是剧烈反转。

从长期投资视角看，普通股提供的收益取决于两个关键因素：股利收益、盈利和股利的未来增长率。原则上，对于永久持有股票的投资者来说，普通股的价值等于未来股利流的 PV（现值）或者说 DPV（折现值）。"折现"概念是明天收到的 1 美元，不如今天在手的 1 美元价值大。股票投资者购买企业的所有权份额，希望获得不断增值的股利流。即使某公司现在股利支付不多，把更多盈利用于公司发展、进行再投资，投资者也会在心里假定，这样的再投资将在未来产生增长更为迅速的股利流，或者产生更多的公司将来可用以回购后产生的盈利。通常，股票长期收益率 = 初始股利收益率 + 增长率。当然，股价对股利的倍数和市盈率也会受利率波动的影响。当利率水平低的时候，为了与债券争夺投资者手中的储蓄资金，股票往往以低股利收益率和高市盈率出售，利率水平高的时候，为了更具竞争力，股利收益率将会上升，股票往往会以低市盈率出售。投资股票的不可预见性非常大，比如，在美国市场，1968～1982 年普通股年均收益率只有 5.5%。

REITs 与投资蓝筹股比较

一般情况下，派息高的股票可以提供优质的长期投资收益，多数投资者都会把眼睛盯着这类股票，但前提是要确保股息支付的可持续性。而 REITs 不需要整天用眼睛盯着股市，因为 REITs 的特点是对投资收益分配有明确的法律保护，是一种长期投资。以新加坡为例，一些蓝筹股公司，比如新加坡邮政（SingPost）、地铁（SMRT）和两大通信运营商（StarHub、M 1）为了业务的发展需要融通资金，多数公司会把利润的 20% ~ 30% 作为股息，将剩余部分用来发展业务，一只股票用占其利润较高的比例的股息来吸引投资者，这种股票被称为高额股息蓝筹股。与 REITs 相比，由于这类蓝筹股股票的股息支付由公司董事会决定，原本支付很高股息的公司很可能会削减股息支付，这样投资者会很不满意。而 REITs 监管明确规定要将 90% 以上的利润作为分红分给份额持有者，后者在法律上对投资者利益有了保障。假设一家蓝筹股公司大量削减股息的支付，那么投资 REITs 的预期收入肯定会高于投资高额股息蓝筹股股息收入。在高度竞争的产业，这种现象尤为明显，这类公司的股息缩减，给 REITs 的投资创造了市场空间。笔者曾应加拿大 TELUS 电信亚太集团的请求，在 2004 年和研究生导师——毕业于麻省理工学院的文秉浩先生一道，对这类产业的发展做过较深入的研究，得出的结论是：投资者必须考虑依赖来自特权地位的现金流的新加坡电信公司的股息波动，因为电信行业是一个垄断、竞争激烈、变化快的产业，需要不断创新才能立足，中国铁通公司被市场淘汰就足以证明这个结论的正确性。

与购买债券比较

债券投资属于资本市场中证券类金融服务。与股票的长期收益率比较，债券的长期收益率容易计算。从长期看，债券投资者获得收益率约等于债券购买时的到期收益率[①]。

在美国，债券大体上分为四类，它们是：短期国库券（Treasury Bills）、政府长期债券（Treasury Notes and Bonds）、财政债券（Treasury Strips）、防通胀保护证券（Treasury Inflation Protection Securities）和公司债券（Corporate Bonds）。公司债券最大的投资者来自寿险公司、养老金公司。养老金包括社

---

① "到期收益率"指以特定价格购买债券，并持有至到期日的收益率，是使未来债券面值和票息现金流（CF）现值等于债券购入价格的折现率，是准确衡量债券收益水平的工具。

会养老金和私人养老金两大类基金，美国的养老金规模巨大，超过了美国商业银行的资产之和，截至 2019 年末，美国的养老金基金达到 29 万亿美元。在美国大型养老金计划中，管理基金规模最大的一个基金经理，在其最大的基金中持有微软公司 1.27 亿股，但在他管理的其他基金中持有 1.5 亿股，在他管理的养老金账户中还另有 2.55 亿股，合计达到 5.32 亿股，占到微软对外股票发行量的 6%。

美国的短期国库券期限分 3 个月、半年和一年，即分为 91 天、182 天和 364 天三个期限，以折扣后低于面值的价格出售，到期时按照票面价值支付投资者。世界上很多国家的短期国库券也是以这样的方式进行交易，被认为是最安全可靠、流动性好的债券。债券信息公开透明，从每天的报纸上可以看到价格。长期债券分为两年、三年、五年、十年甚至三十年不同期限的产品，与短期债券低于票面价值销售不同的是，这类产品多是按照半年付息方式计算投资收益，也有按月或是按季度计算收益的。

为了应对由于通货膨胀给投资者造成的损失，1997 年 1 月，美国财政部发行了防通胀保护证券。这种债券可以对通货膨胀进行调整，它的本金跟随非季节性调整的美国所有城镇消费者的城市平均综合消费价格指数（CPI - U）进行调节，票息利率是由拍卖过程决定的固定利率。半年的美元利息额是半年固定利率与通货膨胀调整的本金的乘积。美国财政部将这种防通胀保护证券中按照通胀调整后的本金和面值之中的较高者赎回。

如果细分，美国的各类债券分抵押债券、公司信用债、设备信托证、附属担保信托债券、优先权和非优先权债券、可转换债券、高收益债券、抵押担保债券（MBS）、担保抵押债券（CMO）、资产担保债券（ABS）、扬基债券（Yankee Bonds）、零息债券（Zero - coupon Bonds）等。一方面，债券的收益虽可在短期实现，但是与同期 REITs 投资比较，收益率偏低。实践证明，如果某债券产品十年期收益率在 8% ~ 8.5%，同期 REITs 至少要高于它 400 ~ 500 个基点。另一方面，所有债券投资工具都带有风险，只是风险程度因债券种类和发行机构不同而已。债券风险包括利率风险、信用风险、强制赎回风险、购买力风险、资金使用期限风险以及再投资风险等。在美国，银行不愿意发放 5 ~ 7 年期的贷款。与债券投资相比，投资 REITs 虽也可能会有上述风险，但房地产的增值以及有效利用可以对冲风险，比如利率风险等。

对于投资公司债券，投资者还要考虑企业信用风险、产业竞争风险等。而当你投资 REITs 时，专业机构会替你把关。此外，REITs 还有一个特点是在投资期限上很好地解决了资金使用期限问题。再有，投资 REITs 可以解决通货膨胀给现金资产带来的贬值。1985～2000 年，美国的房地产投资产生了实质的投资回报率，跑赢了通货膨胀。①投资 REITs 可有效地规避通货膨胀所带来的风险，也就是说当通胀增加时投资的回报率也相应地增长，这样就能获得实质的回报率。

表 3 - 2　美国股票、债券市场年均收益率比较分析　　单位：%

资产类别	1947～1968 年	1969～1981 年	1982～2000 年	2001～2009 年
标普 500	14.0	5.6	18.3	-6.5
债券（长期公司债券）	1.8	3.8	13.6	6.4
年均通胀率	2.3	7.8	3.3	2.4

从以上分析不难看出，一方面，债券在资产增值上比股票稳定，但其价格的波动性也是比较大的。另一方面，债券收益率通常要低于股票收益率。2014 年的一份市场分析报告就这样写道："截至 2014 年底，对于长期债券持有者获得的收益率，使投资者能清晰地看到，优质公司债券投资者的持有到期债券收益率为 4.5%，10 年期美国国债投资者持有到期的收益率为 2.2%。假设年通货膨胀率低于 2%，那么，政府债券和公司债券为投资者提供的收益率非常有限，远低于 20 世纪 60 年代以来的水平。"这种情况说明，宏观经济形势对投资回报的影响非常大。第二次世界大战后至 20 世纪 60 年代末，是美国经济稳定快速发展、生活舒适安逸的时代，这个时期美国经济增长较快。战后人们可以安心地拿出储蓄消费，在消费方面刺激了经济发展。单从收益率视角看，REITs 投资回报率不仅高于同期的企业债，更高于政府债券，是理想的投资选择。还有从定期等额平均成本投资法视角分析，为了避免在错误的时间将所有资金都投资于股市或债市，REITs 投资是一种好的选择。

---

① 数据来源：NCREIF 与 NAREIT（REITs）的季度回报率，1985～2000 年。

与其他商业信托比较

商业信托是获得资产增值的又一模式，是建立在自由企业制度基础上的模式，其投资决策管理是企业的核心。信托作为金融系统中的子体系，以信托服务为基础，提供资金的投融资服务，从而与银行、资本市场共同构成了三元化金融体系或是系统。银行是负债式经营模式的金融机构，信托是受托式经营类金融机构。在信托运作中，委托人是信托资产的所有权、使用权等权利的原始所有者，信托委托人是信托业务的源泉。当信托融资方式与金融的货币形态、债股形态、信托形态相遇，极大地丰富了金融融资手段、金融工具以及由此产生的金融资产类型，REITs 就是其中的一类，但它与信托金融之间略有不同。

信托金融业务本质是以资产管理信证化的模式为投资人和融资人提供资金匹配服务，可称为金融里的综合融资。信托金融是一种资产管理，也可称为财富管理。商业信托没有必要一定将房地产物业作为旗下资产，但可以投资任何产生稳定收入的资产，比如港口、铁路、电厂等基础设施。商业信托和 REITs 类似，会将大部分收入作为股息分给投资者，使其直接受益。不同之处是，商业信托没有具体要求必须支付股息。此外，对于商业信托投资，投资者有必要了解行业发展，比如资金用于商船租赁服务，那么，相较于了解商船的经济周期、对船只在十年后的残值价格评估分析比较，外行人更容易看懂写字楼或大型综合性商场的投资未来情况。

在衡量公司价值以及在分析投资预期收益时，可采用的方法和需要考虑的因素有很多。公允价值会计计量法对特定类型资产的市场价值进行实时估计，净收入是评估的重要指标。此外，还有两种计量方法，一种是利息税收、折旧和摊销前的盈利测算（EBITDA），另一种是使用营运资金（FFO）和调整后的营运资金（AFFO）对包括拥有商业房地产的股票进行估值。美国通用会计准则（GAAP）明确定义了"净收入"。由于 REITs 是上市交易企业，它的净收入和每股净收入都可以在年度审计报告中看到。[①]

---

① Ralph L. Block, "Investing In REITs – Real Estate Investment Trusts, Revised & Updated Edition", 2002 by Ralph L. Block, Bloomberg Press, the United States of America, pp. 160 – 161.

美国 REITs 专家拉尔夫·L. 布洛克研究结果表明，REITs 营运资金会以两种方式增加。一种是通过收购、物业开发等不断地去创造收入，赢得外部增长条件，其中租金增长是重要因素。另一种是通过增加存量物业的现金流（CF），营造内部增长条件。

内部增长因素　　　　　＋　　　　外部增长因素　　　　　　＝　　　　　FFO 增长

- 房租涨价及租金占比增加　- 收购
- 房客升级　　　　　　　　- 建筑物升级改造
- 重新装修
- 物业转手升值①

如果说外部环境非人们所能左右，企业内部管理则体现出 REITs 企业是否具有竞争力的重要因素。关于内部增长，简而言之就是增收节支，比如降低管理成本和资金成本，把物业闲置率降到最低等。此外，对于 REITs 来说，稳定上涨的盈利，不但显示出 REITs 从其物业中能产生高收益，还意味着 REITs 在日后可能发生的并购中能继续创造价值。比如在会计处理上，房地产的折旧通常被当作费用处理，而实际情况是很多物业不但能够保值，而且升值空间大。究其原因，一是土地增值因素，二是租金上涨创造的营业收入以及物业管理系统升级等。

通过以上对比，REITs 是比较理想的投资模式，其特点如下：一是 REITs 能在不改变产权的前提下，提高房地产的流动性和变现能力，由于专业化团队管理，使风险可控，红利丰厚。二是有法律保护，管理透明。通过强制分红，投资者利益有具体的保障措施。三是 REITs 当前和未来资产质量都会不错，近期摸得着、远期望得见。与股票投资比较，投资者不至于由于对一些行业缺少了解而造成盲目投资失败。与其他信托投资比较，命运掌握在自己手中。与购买债券比较，预期收益远高于债券。而且，管理好的话，还会创造出超预期的额外收益。四是 REITs 公司免征资本利得税。五是 REITs 有流动性的特点，属于证券化产业基金，可在证券市场公开交易。

如果仅从 REITs 的产品特征看，它属于不动产投资信托产品，既然属于信托产业，就要有相应的法律法规出台，法律和监管制度是包括 REITs 在内的信

---

① Ralph L. Block, "Investing In REITs – Real Estate Investment Trusts, Revised & Updated Edition", 2002 by Ralph L. Block, Bloomberg Press, the United States of America, p. 168.

托业发展的基础。任何一个主权国家或特殊体制的地区，对金融的监督管理都非常严格，这种监管包括对使用货币的选择、利率管理、金融工具的引进、金融运行系统管理、行业准则、从业者资质管理以及外资金融机构的市场准入审批等。以美国为例，1929 年美国经济出现大萧条后，罗斯福总统于 1933 年颁布了具有里程碑意义的《格拉斯—斯蒂格尔法》，该法将金融机构按照其经营特点进行分离。与这部法律在同一个时期颁布的还有 1933 年的《证券法》、1934 年的《证券交易法》、1935 年的《银行法》和《持股公司法》、1939 年的《信托契约法》、1940 年的《投资公司法》和《投资公司顾问法》，一系列的法律形成了美国的商业银行、证券业、保险业等金融机构按章经营的监管法律体系。追溯现代信托制度在美国的渊源，是在 19 世纪初传入美国的，美国于 1993 年开始制定统一法典，历时 7 年完成。而我国在 2001 年才颁布第一部《信托法》，可以说在法律法规建设方面，我国还有很长的路要走。

至于对信托的定义，英国、美国由于其经济发展与我国差别较大，可借鉴的经验尚有一定距离。但亚洲的日本、韩国等大陆法系国家的信托法对信托的定义更适合我国借鉴。只不过日本、韩国两国的民族经济转型早于我国几十年而已。在上一章中提到，日本《信托法》规定：本法所称信托指实行财产权转移及其他处分而使他人依照一定目的的管理或处分财产。① 韩国《信托法》规定：本法中的信托指以信托指定者（委托人）与信托接受方（受托人）之间特别信托的关系为基础，委托人将特定财产转移给受托人管理的特殊法律关系。② 现在我们再看一下中国台湾所谓"信托法"的规定：受托人依照信托宗旨，以受益人利益为特殊目的，管理或处分信托财产的一种关系。③ 在亚洲，对不动产信托 REITs 进行立法最早的是新加坡，REITs 立法于 1999 年通过，日本在 2000 年立法，韩国是在 2001 年立法，中国香港、中国台湾都是在 2003 年对 REITs 进行了立法，马来西亚和泰国在 2005 年通过了 REITs 法案，而菲律宾也在 2010 年出台了有关建立 REITs 的法规。中国、印度、印度尼西亚、越南等因为 REITs 法律出台滞后，只有类 REITs

---

① The Financial Development of Japan, Korea, and Taiwan – Growth, Repression, and Liberalization, OXFORD UNIVERSITY PRESS 1994.

② 同上。

③ 同上。

（REITS - Like）架构。截至 2013 年底，在亚洲国家和地区对 REITs 已经立法的国家和地区中，规模最大、市值最高的 REITs 市场是日本，共有 44 只 RE-ITs，市值达到 7 兆亿日元（约合 756 亿美元）。

当年，如果仅从市值来看，澳大利亚的 REITs 市值位于世界第二，主要是因为澳大利亚证券交易所（ASX）为公司信托基金提供了全球认可的上市融资平台，吸引了澳大利亚境内外的投资者。澳大利亚证券交易所之所以连续能在 21 年里保持不间断的增长，完善的政治和经济制度为其提供了保障，营造了具备国际竞争力的商业环境，使澳大利亚跃居全球第十二大经济体（按 GDP 衡量）和亚太地区第四大经济体。

澳大利亚基金行业发展正规且制度完善，拥有全球第三大可投资的资金池。澳大利亚证券交易所拥有 2100 家上市公司，覆盖各行各业和领域。按自由流通市值计算，澳大利亚证券交易所是世界第八大证券交易市场、第七大交易所机构，证券融资额常年排名全球交易所前五名。澳大利亚证券交易所自 2000 年以来指数表现（S&P/ASX200）在世界指数中表现最好，是本地区第一大可投资资金池、全球第三大可投资资金池。澳大利亚可投资资金池的规模和快速发展，依托于 1992 年制定的强制性养老金制度以及公积金基金优惠税优政策。包括 REITs 在内的澳大利亚基金行业的增长和快速发展，促进了本国金融业的转型和多元化结构，使其在亚太地区首屈一指。澳大利亚证券交易所的 REITs 简称 A—REITs，即澳大利亚房地产投资信托。在澳大利亚，这样的投资结构被称为上市房地产信托（Listed Property Trust，LPT），信托基金中不在股票交易所上市的房地产资产被称为非上市地产信托计划（Unlisted Property Trust）。截至 2012 年 7 月，澳大利亚公共房地产部分市值为 720 亿澳元，占全球房地产投资信托基金（REITs）市值的 9.36%。其中前五大基金公司就占了超过 60% 的市值（434 亿澳元），其中西田集团（Westfield Group）市值为 190 亿澳元，西田零售（Westfield Retail）市值为 78 亿澳元，斯特奥克兰德公司（Stockland）市值是 63 亿澳元，GPT 集团市值为 52 亿澳元，古特曼（Goodman）公司的市值是 51 亿澳元。LPT 稳坐世界第二大 REITs 位置，占全球市场的 12%，年回报率平均达到 7% ~ 10%，远高于其他投资。

一方面，当年澳大利亚的 REITs 规模超过了 1000 亿澳元（约合 5750 亿元人民币），共有 70 多个上市地产基金。另一方面，A—REITs 的资产种类相当多，通常分为如下类别：（1）工业信托投资于仓库、厂房和工业园。（2）办公室信托包括中长期的大型办公楼宇及周边基础设施建设和城改。（3）酒店、居民休闲活动中心、电影院和主题公园建设。（4）零售信托投资购物中心及其他商业地产。（5）养老院等其他老年人活动中心。可以看出，在澳大利亚的 REITs 中，零售 LPT 占据第一，占 LPT 总市值的一半。在澳大利亚，很多购物中心投资组合都是与全球知名地产商联合，比如西田集团与世界领先的零售和奢饰品牌就共同创建了一个独特的购物体验休闲中心，从设想、设计、承建发展到租赁、内部管理及市场营销拓展，确保了购物中心不断满足今天的零售商和消费者的最大期望。该企业发展有序且快速，共有购物中心 87 个，20012 个零售网点，10 亿消费人次/年，资产规模达到 683 亿澳元。①

我国属于大陆法法律体系，2001 年 4 月 28 日全国人民代表大会常务委员会所颁布的《中华人民共和国信托法》对信托作出了定义：指委托人基于对受托人的信任，将其财产权委托给受托人，由受托人按照委托人的意愿以自己的名义，为受益人的利益或者特定目的，进行管理或者处分的行为。②但值得注意的是，在信托财产的权利上，通常理解为受托人获得财产的名义所有权是为了便于其对财产的经营管理权力，即受托人获得的是对委托人财产的管理权。日本、韩国、中国《信托法》将物权分解为三种权利，即所有权、使用权和收益权，并对三种权利的责任、义务和权利进行了定义，即委托人、受托人和受益人。同时，也要看到不同的法律体系的信托法对财产权利有不同的解释，在对财产的认知及范围方面应特别注意这种不同。在英、美法中，受托人对信托财产的权利是一种普通法上的所有权，而受益人对这类资产有所有权，同一财产，两种权利。在大陆法系中，并不认可这种"一物二权"。关于这些论点，已在前面章节中进行了解读，故不再重复论述。

如何透过现象看信托的实质？

将受托资产设计成容易接受的信托金融产品，在市场上出售给投资者来

---

① 江崇光，陈宇焕．房地产投资信托 REITs 与产业投资基金国际研究［M］．沈阳：北方联合出版传媒集团，2015.
② 《中华人民共和国信托法》。

筹资，这是金融机构的基本功能，是信托业的本质所在，REITs就具备这些特征，因此其是一种信托产品。第一，信托起源于因遗产传承中法律的障碍而创造出来的一种创新"玩法"，反映了财产的双重所有权和规避法律对遗嘱传承限制作用的需要，表明了其创造的起因，但并没有完全、准确地解释其本质。第二，信托发展为一种投融资工具，只能说是财产管理功能方面的拓展，本质没有变。第三，信托之所以演变为"金融产业"，表明了信托架构在金融业可以发挥银行和资管各自的优势，在风险可控的前提下，创造出高于银行的预期收益。因此，进一步说，信托指专业分工的细化。信托是一种财产管理转移的方式，信托关系是一种专业资产管理的契约关系。《海牙公约》第2条对信托是这样定义的："信托关系是指由委托人创立，为了受益人之利益或其他特定目的，以生前转移或遗嘱指定的方式将财产置于受托人控制之下的一种法律关系。这一描述说明了信托的三个重要特征：一是以产权为基础，二是有目的的，三是资产转移和控制的法律关系。简言之，信托是在不同人之间进行权利的分配，信托是对委托人财产通过专业化管理，使财产升值的金融工具，信托是一种金融制度安排，信托是当事方之间的一类契约约定。

另一个例子是日本。

仅在2014年2月，日本进行收购的房地产交易就有502亿日元（约合306亿元人民币），为REITs投资提供了一个很好的市场机会，REITs投资回报高于股票投资，表3-3是东京证券交易所（以下简称东证）REITs投资与股票投资回报率的统计比较。

表3-3　东证REITs投资与股票投资回报率的比较

指数/期限	年化回报率①						
	1个月	3个月	6个月	1年	2年	5年	10年
东证REIT TSE REIT	0.9%	3.7%	18.0%	18.1%	31.1%	20.6%	7.2%
东证股价指数TOPIX	-0.7%	-3.6%	10.5%	26.6%	23.0%	12.2%	2.9%

---

① 资料来源：日本不动产证券业协会。

表 3 – 4　日本东京证券交易所 REITs 明细（2014 年 2 月）①

单位：亿日元

序号	股票代码	REIT 项目	投资回报率（%）（12 月）	股票市值	资产净值	物业数量	资产组合形态
1	8951	尼康建设	12. 2	8054	10557	71	写字楼
2	8952	日本不动产	8. 4	6547	8219	63	写字楼
3	0953	日本零售	10. 8	4634	7876	81	零售物业楼
4	8960	城市联盟	27. 7	3701	4775	99	写字楼、零售
5	3283	日本 Prologis REIT	50. 1	3408	3595	24	物流园区
6	8955	Prime Reality	29. 2	2908	4047	62	写字楼、零售
7	3269	先进住宅	10. 7	2834	4176	221	住宅
8	8964	前沿房地产	23. 8	2737	2662	29	零售商业地产
9	3281	GLP J – REIT	26. 7	2488	2488	40	物流园区
10	8961	MORI 信托 REIT	– 5. 3	2217	3273	16	写字楼、零售
11	3279	Activia 财产	22. 9	1955	2317	27	零售、写字楼
12	8954	Orix J – REITs	18. 0	2171	4111	81	零售、写字楼
13	8976	大和办公	27. 3	1982	3527	44	写字楼
14	3234	丘陵地产	30. 1	1909	2527	9	商住两用
15	8967	物流基金	29. 6	1889	1923	36	物流园区
16	3285	Nomura 不动产	——	1765	2380	55	物流、零售
17	8972	Kenedix 办公	32. 2	1679	3238	89	商业地产
18	3226	日本住宅基金	3. 2	1619	2717	108	住宅
19	8959	Nomura 地产基金	– 24. 4	1601	3830	53	写字楼
20	8987	日本顶级	15. 0	1564	2640	30	写字楼
21	8984	大和民居房产	7. 3	1562	2299	132	住宅
22	3249	工业基础设施基金	4. 7	1439	1769	35	工业基础设施
23	8985	日本酒店基金	60. 2	1308	1576	27	酒店
24	3292	AEON REIT	——	1235	1583	16	零售、物业
25	8957	东京 REIT	19. 2	1216	2296	30	零售、写字楼
26	8968	福冈 REIT	11. 6	1182	1634	23	零售、写字楼

---

①　数据来源：东京证交所，2014 年 4 月。

续表

序号	股票代码	REIT 项目	投资回报率（%）（12 月）	股票市值	资产净值	物业数量	资产组合形态
27	3263	大和住房 REIT	24.3	1020	1190	26	物流园区、零售
28	8986	日本租赁住房	-15.6	958	1772	186	住宅
29	3240	Nomura 不动产住宅	7.0	863	1619	155	住宅
30	8956	Premier	-5.2	862	2179	57	写字楼、住宅
31	3295	Hulic REIT	—	856	1014	21	写字楼、商业零售
32	8973	Sekisui 住房 SI	12.1	844	1497	94	住宅、商业零售
33	8982	Top REIT	8.0	823	1978	22	商住两用
34	3282	舒适住宅 REIT	9.3	718	1119	77	住宅
35	8966	Heiwa 住宅 REIT	15.2	715	1476	92	商住两用
36	8958	世界第一不动产	9.3	669	1447	8	写字楼
37	8975	Ichigo REIT	13.5	656	1205	72	商住两用
38	8977	Hankyu	-3.3	561	1278	19	商业零售、写字楼
39	3278	Kenedix 住宅	17.4	541	990	80	住宅
40	3227	MID REIT	5.0	429	1576	12	写字楼、商业零售
41	8963	Invincible	91.2	291	771	78	商住两用
42	3290	STA REIT	—	284	747	20	写字楼、商业零售
43	8979	星行物业	8.9	255	479	89	住宅
44	3287	风神度假 REIT	—	145	150	6	酒店

根据日本央行 2014 年第一季度发布的信息，近三年，每年投资 REITs 的增量为 300 亿日元（约合 3.2 亿美元），截至 2013 年底，REITs 账户余额达到了 1400 亿日元。[①] 日本 REITs 的快速发展，引起了瑞银、高盛的关注。伴随着日本货币宽松政策的实施，REITs 也得到了较快的发展。根据彭博的分析，在日本 REITs 中，交易中将近一半的投资来自国外的机构和个人，表明日本 REITs 市场的国际化程度非常高。

中国香港自 2003 年 8 月通过《香港 REITs 基金守则》后，以领汇基金

---

① 数据来源：日本 J - REITs Report No. 52，2014 年 3 月。

（LINK REITs，0823HK）为代表的不动产物业发展迅速，领汇物业包括停车场、商场的物业资产达到 339 亿港元，有 9200 份租约，仅零售物业第三方估值就达到 272.57 亿港元，占总资产规模的 80.4%。其中，停车场估值为 65.45 亿港元，占总资产的 19.4%，零售物业面积占全香港的 9.1%，停车场车位数占香港的 13.7%，在 2014 年 3 月，领汇市值高达 822 亿港元。专业化的管理团队，不仅找到了企业发展中的融资办法，更为企业带来了整体业务的良性循环。从创收视角分析，2013 年与 2012 年同期比较，REITs 投资收益较上一年度增长 9.7%、股东分红增长 13.1%、资产净值增长 28.7%。

最后，我们再回过头来看 1996 年美国 REITs 各类不动产投资的表现，就不难看出 REITs 为什么会成为境外广大个人投资者首选的金融投资产品了。美国各地养老中心 REITs 的投资回报率达到了 7.2%，在表 3-5 中的 15 类投资品种中排列第四，因此老龄人投资 REITs 可以一举两得。

表 3-5　1996 年美国 REITs 各类不动产投资收益率统计表①单位：%

REITs 类别	投资收益率
公寓住宅	6.4
产品库房	5.5
地方超市	6.6
Strip 中心	6.5
奥特莱斯	9.3
工业厂房	5.2
写字楼	5.1
混合建筑	5.4
自筑仓库	4.6
养老中心	7.2
租赁	7.3
酒店	5.9
综合便民服务中心	6.1
股权 REITs 投资回报	6.1
抵押 REITs 投资回报	8.3

① 数据来源：美国 REITs 协会（NAREIT）。

从以上的投资品种看出，REITs 对不动产金融市场的影响较大，开发商投融资渠道有了新的路径，投资收益回报稳定且高于其他金融产品。因为直接拥有不动产和投资不动产上市公司的股权是投资者通常使用的两种投资手段，REITs 作为一种新型的投资工具，为机构和个人投资者创造了对收益型不动产的投资机会。第一，REITs 和债券相似，吸引了偏好持续、稳定收益的投资者。对机构投资者来说，通过吸纳 REITs 可进入资产组合，达到降低投资组合风险之目的。第二，引入 REITs 机制可以扩充并深化资本市场发展。REITs 作为一种新型金融工具，可以通过增加资本市场的容量、推动资产的流动性，促进和加强资本市场的深度发展和广度扩展。比如，新加坡的 Capital Mall 信托在上市的两年时间里，市值增加了 128%。除此之外，上市后，REITs 经过结构调整，还可以将其债务部分通过商业抵押贷款证券（CMBS）的形式进行证券化。经过评级后的 CMBS 可以在国际市场进行分销。同样，CMBS 债券的发行势必会加强亚洲新兴市场国家资本市场的发展。第三，在财务披露和信用评级方面，能反映出包括 REITs 本身在内的上市公司的财务健康状况。长期来看，对信用评级的要求将促使 REITs 进一步披露财务信息，这样可以增强经营透明度。一般情况下，REITs 的评级通常用于 CMBS 债券发行，尤其是高等级债券。对于 REITs 发行者来说，剥离不动产资产会增加公司资产的流动性，降低资产负债比率。因此，发行 REITs 的公司级别因财务状况改善而得到提高。第四，促进基金管理行业发展。因为引入 REITs 后，将极大地促进基金管理行业的发展。随着 REITs 数目的增加和各类不动产抵押担保债券产品的产生，市场对有经验的基金和资产管理专业人才的需求必将随之增加，同时拥有金融和不动产相关专业背景的复合型人才将得到市场的青睐。第五，改进不动产资产流动性。REITs 为开发商提供了一个有效的剥离持有型不动产资产的渠道。REITs 可在公开市场通过债券或股票发行募集资金，为购置新的不动产资产提供资金来源，REITs 间接地提高了不动产市场的流动性。对不是以不动产为主业的公司来说，从各国实践看，其所持有的不动产对股票表现通常会产生负面影响，尤其是对持有工业厂房的公司，可考虑将非核心的不动产资产出售给 REITs。

表 3 - 6　美国各类投资产品收益率对比（1981 ~ 2000 年）①

单位：%

REITs	长期政府债券	小企业股票	S&P 500
12. 43	11. 98	13. 33	15. 68

表 3 - 7　美国 REITs 投资收益比较（1996 ~ 2001 年）②　单位：%

1996 年	1997 年	1998 年	1999 年	2000 年	2001 年	2002 年
6. 22	5. 73	7. 81	8. 98	7. 71	7. 38	6. 65

从个人养老金基金投向分析

截至 2019 年，美国养老金积累已经突破了 30 万亿美元，超过了美国商业银行总资产，这是一笔庞大的现金资产管理。而在这 30 万亿元总规模中，个人养老金占比达 80% 以上，因而管理养老金投资的机构较多，既有银行也有非银行机构，这些机构有一个共同特征，那就是专业化、市场化的投资管理，委托投资人很满意。

在我国，养老金投资管理这个产业还处在初期阶段。自 2004 年开始建立企业年金制度以来，2017 年又开始了职业年金制度的建立，截至 2020 年末，企业年金积累已经达到 20000 万亿元人民币，职业年金也达到 13000 亿元人民币，相信随着第三支柱的建立，我国个人养老金投资咨询将成为包括商业银行、保险公司和有牌照的公募基金公司在内的各类机构开展投管服务最有前景的市场，市场竞争日趋激烈。预计，2025 年基金总额有可能突破 10 万亿元人民币。由于养老基金投资全方位覆盖了生命周期的现金流（CF）管理，其中涵盖了家庭资产负债表、动态平衡、主动风险管理等诸多与养老金投资相关的要点，各家管理机构比拼的就是专业化管理。笔者判断，我国未来养老金市场的发展对投资机构而言，竞争也将是一场管理专业化的比拼，谁的投资策略稳健、收益相对理想，委托人就会选择谁。投资管理机构必须

① 杭琛：《房地产金融信托（REITs）在美、日、韩的应用比较（续）》，2003 年 1 月，韩国 KDI 研究院季刊。
② 数据来源：麻省理工学院。

对市场进行细分，当然，为了安全起见，投资债券或债券基金是首选。另外，市场波动对于30岁左右的年轻人来说是"朋友"，对于60岁的退休老人来说却是"敌人"，无论哪种配置策略都不是一成不变的选择，养老金投资组合需要配合生命周期做出动态调整。总之，养老服务是全社会的一个深远问题，老龄人害怕自己失能后不得不面临生活问题带来的现实挑战，因此可以说，养老金管理是一件国计民生的大事，受托机构必须形成价值投资、责任投资的企业管理文化去管理养老金投资。比如我们可以将保底投资组合按照人的年龄进行细分，不同年龄的人的需求是不一样的。年龄、时间窗口和预期通胀率是构建保底资产配置的三个重要因素。

假设一个人从65岁开始退休，保底投资组合会支付到85岁，85岁以后，他（她）需要长寿保护。投资 REITs 在一定程度上是长寿保护的投资选择之一。

伯顿·G. 马尔基尔（Burton G. Malkiel）认为，资产配置的五项原则包括以下几个方面。

（1）历史表现（history record）；

（2）投资普通股票和债券的风险，持有投资产品期限，持有期越长收益波动越小；

（3）定期等额平均成本法，用于降低股票和债券的持仓比例；

（4）重新调整资产组合类别权重以提高投资收益；

（5）根据收入来源，衡量投资亏损容忍度，天下没有免费的午餐，若想获得高回报，就必须承担高风险。

表 3 - 8　美国资产类别年均收益及风险指数统计（1926～2013 年）

单位：%

资产类别	年均收益率	风险指数（波动率）
小型公司普通股	12.3	32.3
大型公司普通股	10.1	20.2
长期政府债券	6.0	8.4
短期国债	3.5	3.1

从以上统计中可看到，在长达83年的时间里，美国长期政府债券提供了平均年化6%的收益率。假设某投资者在1950～2013年有一个多样化的股票

组合，比如标普 500 股指，它的平均收益率会非常理想（获得丰厚的收益率），大约年化收益率为 10%。所谓丰厚的收益率，按照保罗·萨缪尔森的观点，即"只有当你能够在相对较长的时间段内持有普通股，你才有理由确信能够获得普通股可以提供的丰厚利润"。[1] 即使这样的投资收益率，也不如同期投资 REITs 的收益率。从理论上说，股票长期持有风险较小，但历史上也经历过 10 年间普通股总体收益接近于零的情形。这样看来，选择 REITs 更安全可靠。

投资 REITs 也要从以下六个方面把控风险：一是国家宏观经济状况，决定了 REITs 市场的走势。二是杠杆率不能过高，必须严控在 45% 以下。三是如果在国际市场经营 REITs，不动产走势在不同国家和地区的价格走势可能会是相反的方向。四是汇率风险，比如在 2008 年美元对世界其他国家币种的全面走低，市场利率越高，REITs 高收益股票的吸引力越小。当利率升高时，投资者倾向于以现金存款形式或者通过债券投资形式将钱投入到银行里。五是税收问题，这其中又包含了税收法律依据属地选择以及如何规避双重征税问题。六是"关联系数研究对比"，比如道琼斯工业指数、纳斯达克综合指数等，尤其是与标准普尔 500 指数的对比。比如，1994~2004 年，REITs 类股票与标准普尔 500 指数的相关系数是 0.028，那么 REITs 与标普重要成分股价格变动的相关性就是 0.28。

最后强调一点，REITs 管理能力非常重要。如果管理人的能力没有达到一定水平，无论是内部管理还是外部管理，投资业绩都不会好。

---

① 均值回归现象（mean‐reversion phenomenon）。

第四章　美国、日本、韩国、新加坡、马来西亚等国和地区 REITs 比较

美国是 REITs 的诞生地，也是 REITs 运作模式最成熟、市场最发达的国家，其 REITs 产品种类和数量、规模在全球首屈一指。1992 年美国 REITs 市场规模是 203.4 亿美元，2018 年达到万亿美元，翻了五倍，年复合增长率高达 16.7%。其间有两个快速发展阶段，一是 1992～2006 年，二是 2009～2018 年，年复合增长率分别为 22.4% 和 18.8%。截至 2018 年 12 月，美国共有 240 只 REITs 产品，平均市值达 46.82 亿美元。查阅历史资料后发现，美国 REITs 在 20 世纪 60 年代和 90 年代就得到了快速的发展，而亚洲的 REITs 制度（产品）是在 19 世纪与 20 世纪之交才被引入的。日本在 2000 年引入这种制度，叫做 J－REIT；韩国在 2001 年引入，称为 K－REIT；而新加坡于 2002 年 7 月成立第一只新加坡 REIT，业界称为 S－REIT。在 REITs 引入的十年里，亚洲三国 REITs 涵盖了购物中心、写字楼、酒店、体育场馆、工业厂房以及公寓住宅等各类房地产。以上三个国家有关 REITs 的法律法规制定，基本上都是借鉴美国的法律法规而制定，但由于国情不同，各国的法律法规也有些不同之处。除了日本、韩国、新加坡外，亚太地区的澳大利亚、中国香港、中国台湾也引入了 REITs。美国 REITs 的组织结构是公司制或信托模式，而亚洲国家和地区的 REITs 组织结构基本上都是信托模式。两种模式各有利弊，要视各国和地区不动产市场的发展阶段或水平而决定，同时取决于当地的金融市场发展、投资文化理念、政府监管水平、民族信用体系以及不动产中介服务水准等因素，因而体现出不同的适用性。

美国 REITs

美国 REITs 在其经济繁荣时期，增长倍数近 20 倍。因此在 2001 年标

准普尔在其主要指数（标普500指数）中增加了REITs类资产类别，从此REITs被社会广泛认可。如今，REITs持有的物业遍布美国各地，比如明尼苏达州布鲁明顿的美国购物中心、内布拉斯加州的沃尔玛、费城的普鲁士王商场、旧金山的内河码头购物中心和芝加哥的商品大市场都是这类商业不动产。2008年200只美国公开上市的REITs资产总规模达到4500亿美元。

美国REITs快速发展期主要分为两个阶段，第一次是在20世纪60年代。2018年5月当我到奥马哈出差时，我的一位美国朋友告诉我说："美国国会在1960年创造了一种投资工具，其目的是给投资者提供同时持有不动产资产权益和传统信托份额的机会。"REITs在美国的第二次快速发展期是20世纪90年代，且第二次快速增长运作模式一直保持至今。1993～1994年是美国REITs IPO大繁荣时期，根据NAREIT（美国不动产投资信托协会）的统计，在1993年就有100家REITs上市发行了股票，共募集到132亿美元，其中93亿美元是由50家新的REITs募集的，而39亿美元是由现有的50家REITs募集的。1994年又募集到111亿美元，其中包括45家新REITs的IPO募集的72亿美元和现有的REITs中的52笔的39亿美元。根据美林（Merrill Lynch's August 1994 Report）的报告，1993年REITs募集额超过过去13年的总和。[①] 1990年末，所有公开交易的权益型REITs的市值规模是56亿美元，而到了1994年末，总规模超过388亿美元。[②] 而同期美国共同基金总资产才269亿美元。[③] 通过REITs，美国的公众投资者参与了像综合开发建设集团、亚历山大房产、金科地产、西蒙物业、杜克房地产、马赛里奇房产等企业的不动产项目。如果REITs能引入我国，那么国内个人投资者也能参与像万达、万科、恒大、碧桂园以及华夏幸福的不动产项目，既解决了开发商商业房地产项目融资单一依赖银行的局面，开发商可获得公众资本（public capital）的通道，也可以使个人投资者多一个投资产品。美国除了2008年国际金融危机前后出现了一定的波动外，近五十年来，美国REITs一

---

① Ralph L. Block：*Investing in REITs，Real Estate Investment Trusts（Revised & updated ed.）*，Bloomberg Press，2002，USA．p．137．

② 同上。

③ 同上。

直呈现快速增长的趋势。

20 世纪之初，一些新到美国来的英国移民希望能够从炒得火热的房地产中赚钱，在马萨诸塞州开始经营这种行业，但在初期阶段，仅限于富贵阶层、只能在指定的州经营，如波士顿等地。回头看 REITs 在美国的最初时期情况，1930 年的经济大萧条给美国经济造成了巨大的冲击。在 1935 年，由于美国高等法院要求 REITs 公司必须缴纳公司税而使该产业处于历史上的低谷阶段。之后，REITs 经历了 20 多年的动荡，于 1950 年终渐渐恢复，美国法律最终认可了它的存在价值。

美国第 34 任总统德怀特·戴维·艾森豪威尔任职期间签署了有关 RE-ITs 的法案，从法律上明确了引入一种可产生收入的不动产投资新模式——REITs 机制，将不动产投资与股票投资两种方式的优势结合起来。当时，REITs 的投融资表现形式主要有三种：一是以不动产做抵押的小额商业贷款投资，二是房地产做抵押的非政府担保投融资形式，三是政府担保的抵押投资。

1960 年，美国国会颁布了《REITs 法案》。当时，当选总统约翰·肯尼迪将它作为击败共和党候选人理查德·尼克松的武器之一，很快就颁布了这项法案，以确保德怀特·戴维·艾森豪威尔制定的经济政策的延续性和对经济增长速度的调节。"1960 年美国 GDP 实际增长速度为 2.5%（1959 年为 7.2%）"。① 在该项法案出台之前，并不是每一个美国人都能享受到不动产市场快速增长带来的红利，只有大型金融机构或者富豪们才有机会购买不动产物业并享其带来的收益。一般人群只能竭力争取，希望有一天能拥有一处自己投资的物业。即使不能拥有一家酒店、购物中心的机会，但也希望能有参与这类项目的投资机会，REITs 的出现，打破了这类物业只专属于小部分人群可以参与投资的垄断。到了 20 世纪 70 年代初，美国的一些商业银行也开始参与 REITs，其中有美国银行、富国银行以及大通摩根，银行主要参与的活动是抵押型 REITs。由于银行的加入，70 年代中期 REITs 规模达到了 200 亿美元，短期内实现了大飞跃。另外，由于美国在 1976 年颁布了《RE-ITs 修正案》，REITs 的治理结构发生了变化，允许 REITs 在原有商业信托的

---

① 杭琛：《房地产金融信托（REITs）在美、日、韩的应用比较》，2002 年 12 月，韩国 KDI 研究院季刊。

基础上以公司的形式设立。自那以后，更多的 REITs 采取了公司的组织形式。到了 20 世纪 80 年代，随着 1981 年的《经济复苏法案》（*Economic Recovery Act*）以及 1986 年的《税收改革法案》（*Tax Reformation Act*）的颁布，美国各地出现了很多的不动产有限合伙企业，其雨后春笋般的出现，使得 REITs 规模一下子上升到了 800 亿美元，超过以往 REITs 的总和。1986 年的《税收改革法案》允许 REITs 拥有和经营可以产生收入的大多数类型的商业物业不动产资产，REITs 管理者与投资者利益趋于一致，自此 REITs 进入了黄金发展时期。而之前物业经营只能由独立的第三方经营。

进入 20 世纪 90 年代，REITs 在美国得到了更迅猛的发展，更多的投资者来自普通民众。

1992 年是美国 REITs 产业增长最快的一年，从 100 家公司变为 200 家公司，资产从 440 亿美元猛增到 1400 亿美元，上市公司市值从 90 亿美元增长到 1000 亿美元。[①] 1991 年，美国 REITs 投资仅占全美机构投资的 4%，[②] 到了 1996 年第二季度末，这一占比上升到了 22%。[③] 随着 REITs 的快速发展，普通人也逐渐加入其中，分享美国经济发展带来的好处。之后，美国的 REITs 投资活动逐渐由东海岸向中西部扩展，延伸到了芝加哥、奥马哈和丹佛等地。

1999 年 12 月，克林顿总统签署了 REITs 法案，被称为 REITs 新时代法案，英文缩写为 RMA。新法案的特点强调了应税 REITs 主体，英文是 "taxable REITs subsidiary"（TRS），自那以后，一系列法案不断出台，比如在 2007 年的 RIDEA 法案中，就把 REITs 总资产中的 TRS 证券初始的 20% 的上限增至 25%。

以上情况说明，法律法规是 REITs 落地的助推器。

这个时期美国的 REITs 之所以能得到快速发展，主要原因是原来给房地产投资的包括银行在内的金融机构都忙于调整资产负债表中的不动产投资占比，这就给 REITs 发展创造了机会，这些金融机构包括银行、保险公司、养

---

① 资料来源：美国房地产信托协会（NAREIT）。

② Emerging Trends in Real Estate：1992，New York：Equitable Real Estate Investment Management, Inc. and Real Estate Research Corporation（RERC）（October 1991）.

③ Emerging Trends in Real Estate：1992，New York：Equitable Real Estate Investment Management, Inc. and Real Estate Research Corporation（RERC）（October 1996）.

图 4 - 1　2018 年 5 月，作者（右）在美国哈佛大学调研

老金公司以及外资在美金融机构。[1]截至 2015 年底，REITs 在美国的市值已超过 9000 亿美元，平均日交易量在 40 亿美元左右。公开挂牌及私募 REITs 资产合计超过 18000 亿美元，每年增长约 70 亿美元。[2]

实践说明，在过去的 50 多年里，REITs 在美国取得了长足的发展。根据世界各地金融市场的发展经验，任何一种金融产品的推出都需要有相应的法律法规支持。从立法角度看，REITs 在美国的发展，早在艾森豪威尔入主白宫时，就开始着手研究美国房地产投资法案，调整了房地产投资的有关税项，允许并鼓励个人投资者参与房地产投资，使得 REITs 产业在 1962 年上半年迅速上升到 3 亿美元的交易量，刺激了美国股市。

初期，美国的目的是给投资者提供同时持有不动产资产收益和传统信托份额的机会，为此，美国在 20 世纪 60 年代初出台了一系列法律。1960 年，美国国会颁布了新的《房地产投资信托法案》，此项税法将 REITs 定义为"有多个受托人作为管理者"的一种金融工具及持有可转换的收益股份所组

[1]　John A. Mullaney, "REITs – Building Profits with Real Estate Investment Trusts", 1998 by John Wiley & Sons, Inc., USA, p. 2.

[2]　www. reit. com/investing/reit – basic/history – reits.

成的非公司组织。① 也可以说，此时的美国 REITs 本质上被界定为封闭式投资公司。此后，随着其他相关法律的修改与完善，对于 REITs 的理解也在不断地发生变化。根据美国国家房地产投资信托协会（NAREIT）的最新定义，REITs 是"公司"的一种，这类公司拥有并且在大多数情况下专门管理如住宅、商业中心、写字楼、旅馆酒店及仓库等收益性房产。在马萨诸塞州，有关州法把 REITs 归类为商业信托。

为了使原有法律能够与时俱进，美国在 1975 年和 1976 年先后修改了 REITs 的有关税项的条款。之后，在 1978 年、1986 年和 1997 年分别又对有关税项进行了多次修改，真正达到鼓励个人投资者参与 REITs 的目的。对于个人而言，多了一个投资产品或是渠道。对于市场来说，起到了促进健康发展的稳定作用。值得注意的是，以上一系列法律的修改，都是在 1933 年的《证券交易法》和 1934 年的《证券交易法》基础上作出的修改。因而我们看到美国的 REITs 是在不断完善法律制度的过程中发展起来的，走过了近 100 年的历程。

美国 REITs 政策调整特征主要体现在对中小投资者所能提供的税收优惠待遇上，便于他们有机会参与大型地产项目的投资活动，并从中获得比较稳定的且理想的预期收益。美国 REITs 通常采用的做法是将小额资金组成一个或多个资金（产）池，由 REITs 专业机构进行投资管理和风险管控，以确保本金的安全和预期收益。从美国的实践来看，美国民众可利用有限的收入，受惠于房地产投资，这是当时美国国家公共政策的具体体现。

美国 REITs 的资金池属于资产证券化范畴，即通过将缺乏流动性但其未来现金流可测算的资产通过集中打包而成的资产池，以资产池所产生的现金流作为证券偿付的基础，在资本市场上发行证券的过程。这里需要强调一点，资产证券化是一种金融创新，包括资产支持证券（ABS）、住房抵押贷款证券（MBS）和商业房地产抵押贷款支持证券（CMBS）等。一般而言，通过签署信托合同，把资产池转给一家机构（SPV），形成基础资产池。对资产池的组合信用风险，可通过蒙特卡洛模拟法完成量化分析。用这种方法评估公司价值，是一种概率测算。

---

① National Association of Real Estate Investment Trust，NAREIT.

在美国，经营 REITs 的机构包括储蓄贷款公司、做抵押业务的银行、商业银行、共同基金储蓄银行、信贷联合会、政府职能机构和抵押房地产信托基金公司，通过二级市场进行交易。[①]

从投资收益看，REITs 的投资收益在安全的基础上是理想的投资选择，美国麻省理工学院（MIT）的一份研究报告数据足以说明这个问题。

1981 ~ 2000 年美国政府债券的平均收益为 11.99%、小企业股票为 13.33%、S&P500 为 15.68%，同期的 REITs 为 12.43%。[②] 1996 ~ 2002 年，美国 REITs 投资收益远远高于其他同期金融产品的投资收益，收益率分别为 6.22%、5.73%、7.81%、8.98%、7.71%、7.38%和6.65%[③]。

美国的有关法律在实践中也在不断地调整和完善，是推进 REITs 持续发展的动力。美国早期的 REITs 公司也曾面临双重征税，包括公司所得税和股息红利税。早期法律规定 REITs 投资者对所有收入都要缴税，这项规定是比照共同基金相关条款制定的。而如今，美国的 REITs 投资者仅缴纳股息分红个人所得税。美国税收政策的调整使个人投资者得到了更多的现金分红，他们用分红再投资 REITs，形成了良性循环。

表 4 - 1　2012 年美国标准普尔指数中典型的 REITs

名称	投资方向	资产规模
西蒙公司（SPG）	对区域商城（Shopping Malls）的持有、买卖、租赁以及物业管理	在美国、加拿大及波多黎各共有 176 家大型购物中心、67 家百货公司和 4 栋写字楼
普洛斯公司（PLD）	收购、持有、管理及工业性质土地买卖	拥有 548 家工业厂房/仓库
股权信托公司（EOP）	投资、拥有、管理及租赁全美各种写字楼和工业用房	拥有 684 栋写字楼、75 个工业厂房
公寓投资管理公司（AIV）	投资、管理各类公寓	拥有 1629 栋公寓，可提供 28 万间公寓住宅，地域覆盖全美 47 个州

---

① John A. Mullaney, "REITs – Building Profits With Real Estate Investment Trusts", John Wiley & Sons, Inc. , 1998, p. 209.

② MIT Research Report, 2001.

③ 数据来源："Banking and Real Estate Finance", June 11, 2003, www. kdischool. ac. kr。

表 4 - 2 1971 ~ 2001 年美国 REITs 结构变化统计①

单位：百万美元

年份	综合		股本		抵押		混合	
	REITs 数量	资金规模	REITs 数量	资金规模	REITs 数量	资金规模	REITs 数量	资金规模
1971	34	1494.3	12	332.0	12	570.8	10	591.6
1972	46	1880.9	17	377.3	18	774.7	11	728.9
1973	53	1393.5	20	336.0	22	517.3	11	540.2
1974	53	712.4	19	241.9	22	238.8	12	231.7
1975	46	899.7	12	275.7	22	312.0	12	312.0
1976	62	1308.0	27	409.6	22	415.6	13	482.8
1977	69	1528.1	32	538.1	19	398.3	18	591.6
1978	71	1412.4	33	575.7	19	340.3	19	496.4
1979	71	1754.0	32	743.6	19	377.1	20	633.3
1980	75	2298.6	35	942.2	21	509.5	19	846.8
1981	76	2438.9	36	977.5	21	541.3	19	920.1
1982	66	3298.6	30	1071.4	20	1133.4	16	1093.8
1983	59	4257.2	26	1468.6	19	1460.0	14	1328.7
1984	59	5085.3	25	1794.5	20	1801.3	14	1489.4
1985	82	7674.0	37	3270.3	32	3162.4	13	1241.2
1986	96	9923.6	45	4336.1	35	3625.8	16	1961.7
1987	110	9702.4	53	4758.5	38	3161.4	19	1782.4
1988	117	11435.2	56	6141.7	40	3620.8	21	1672.6
1989	120	11662.2	56	6769.6	43	3536.3	21	1356.3
1990	119	8737.1	58	5551.6	43	2549.2	18	636.3
1991	138	12968.2	86	8785.5	28	2586.3	24	1596.4
1992	142	15912.0	89	11171.1	30	2772.8	23	1968.1
1993	189	32158.7	135	26081.9	32	3398.5	22	2678.2
1994	226	44306.0	175	38812.0	29	2502.7	22	2991.3
1995	219	57541.3	178	49913.0	24	3395.4	17	4232.9
1996	199	88776.3	166	78302.0	20	4778.6	13	5695.8
1997	211	140533.8	176	127825.3	26	7370.3	9	5338.2
1998	210	138301.4	173	126904.5	28	6480.7	9	4916.2
1999	203	2124261.9	167	118323.7	26	4441.7	10	1587.5
2000	189	138715.4	158	134431.0	22	1632.0	9	2652.4
2001	182	154898.6	151	147092.1	22	3990.5	9	3816.0

① 数据来源：麻省理工学院，2002 年 3 月。

　　至今，美国 REITs 已经走过 90 多年的发展历程。从以上统计数据可以看出，REITs 在美国最初的市场表现并不理想，REITs 是随着表 4-2 中这个时期美国法律的不断完善和补充，才逐渐走入昌盛的。1971～2001 年资金规模的变化足以说明以下特点：美国 REITs 公司在 1971 年仅有 34 家，1981 年发展到 76 家，1991 年为 138 家，2001 年发展到 182 家。1971 年规模为 14.943 亿美元，1981 年为 24.389 亿美元，十年增长了约 10 亿美元。1991 年为 129 亿美元，十年增加了 100 多亿美元，2001 年增加到 1548.986 亿美元。在 1975 年、1976 年分别对 1933 年的《证券法》和 1934 年的《证券交易法》做了修改。1978 年、1986 年、1997 年又分别对税法进行了多次修改，达到了鼓励个人投资者积极参与的目的。因为 REITs 的投资资金可实现三性，即投资的安全性、流动性和高回报性。可以说，走过了 90 多年发展历程的美国 REITs 机制，是在连续不断完善法律规定的前提下，才得以快速发展至今。在此过程中，美国民众利用有限的收入受惠于美国房地产投资是政府公共政策的具体体现。

　　2008 年美国政府又出台了《REITs 投资与多样化法案》（*REITs Investment and Diversification Act*），为 REITs 投资多元化提供了广阔的发展空间。除了在传统的零售和购物中心、写字楼以及住宅等领域持续发力外，REITs 开始更多地向基础设施、工业仓储、农业和林业不动产设施、大健康养老等非传统领域进军。非传统领域的 REITs 投资分散了风险，还创造了高于传统 REITs 的投资回报，使 REITs 走上了多元化方向发展的道路。

　　新制度要求 REITs 产品的组织结构需要由 BOD（董事会）或基金托管人进行管理，纳税法人以公司形式纳税，要求拥有超过 100 名股东及最近半个财年前五大个人股东持股比例不能超过 50%。REITs 产品的价值须由至少 75% 的房地产、抵押贷款、其他 REITs 证券、现金或政府债券构成，至少 95% 的收入需要来自出售资产、租金、贷款利息或股息。对于股利分配，要求 REITs 产品将应纳税收入的 90% 以上作为红利分配给股东。

　　美国 REITs 产品主流结构有 UPREITs 结构和 DOWNREITs 结构。

　　通常 UPREITs 结构被广泛采用，其设立流程是房地产所有者以物业资产出资设立经营性合伙企业，并成为其 LP（有限合伙人），UPREITs 公司以其募集资金向经营性合伙企业出资，成为 GP（普通合伙人）。LP 在一段时间后（一般是一年），可以将持有合伙企业份额转换成 REITs 份额或现金，以获得流动性。

DOWNREITs 结构中并不存在固定的合伙人实体，而是通过成立一个新的合伙人实体完成每一次收购交易来享受税优政策。DOWNREITs 通过在市场发行股票方式筹措募集资金，自身原本持有部分房地产资产，但为了在收购房地产资产中享有税优，将与相关房地产所有者合伙成立新的经营性合伙企业，DOWNREITs 以现金出资，成为新的合伙企业的 GP，房地产所有者以资产出资成为新合伙企业的 LP，并获得新合伙企业的合伙凭证。新合伙企业持有和管理后来获得的房地产资产。

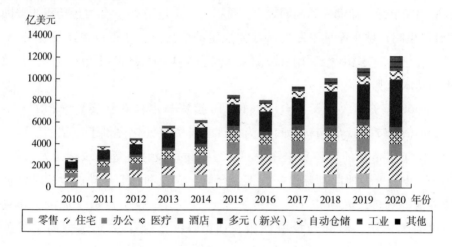

图 4-2 美国公募 REITs 市值按行业分布

（资料来源：中金公司研究部）

我们注意到，近些年来物流产业成为 REITs 发展的"主战场"，高标库存量面积稳步增长，但整体仍然短缺。根据戴德梁行统计数据，中国高标库存量面积由 2017 年末的 3318 万平方米增加至 2020 年末的 6400 万平方米，年复合增速达 24%；截至 2020 年末，华东、华北、华南、西南和华中区域高标库存量面积占比分别为 41%、22%、14%、14% 和 9%。但与其他国家相比，中国高标库存量面积占比相对较低，总体供应仍然不足。表 4-3 是 2019 年以来国外 KKR 仓储物流领域投资事件的梳理。

表 4 – 3　国外 KKR 仓储物流领域投资事件

时间	地点	投资金额 （百万美元）	主要事件
2019 – 01	西班牙	—	KKR 与私募机构 Round Hill Capital，西班牙开发商 Pulsar Proper-ties 的新合资企业 PULSAR IBERIA LOGISITCS 在马德里和巴塞罗那购买四个西班牙物流仓库
2019 – 06	美国	48	2019 年第二季度，KKR 从不明买家处收购 Fist Nandina 物流中心，该仓储物流设施位于美国加利福尼亚州里弗赛德
2019 – 09	美国	25	2019 年第三季度，KKR 从不明买家处收购了 Key Logistics Cen-ter。该仓储物流设施位于佛罗里达
2020 – 04	欧洲	—	KKR 从 M7 手中收购了 Mirastar 的战略股份，Mirastar 将成为 KKR 在欧洲进行工业和仓储物流交易的主要平台，Mirastar 成立于 2019 年，是联合创始人 Ekaterina Avdonina 和 CFO Anthony But-ler，CIO 和 M7 的合资企业
2020 – 04	美国	17	2020 年 4 月，KKR 从 Globe Corporation 处收购 Freeport Center，该仓储物流设施位于美国亚利桑那州凤凰城
2020 – 05	法国	—	KKR 已从 BMF 集团及其联合创始人手中收购了房地产公司 Etche France 的多数股权。交易金额未公开，Etche 在法国拥有并经营着约 120 种资产的投资组合，在物流、轻工业和办公领域的价值约为 4 亿欧元
2020 – 07	美国	79	KKR 向挪威主权财富基金购买威斯康星州 Kenosha 的两处仓储物流设施，可出租总面积为 14 万平方米
2020 – 07	美国	260	KKR 以两笔单独的交易以约 2.6 亿美元的价格收购了美国的两处工业分销物业，该仓储物流设施位于芝加哥和夏洛特，总面积约 23 万平方米，是最先进的履行中心，长期 100% 出租给投资级租户
2020 – 11	荷兰	—	KKR& Co. Inc 与 Mirastar 的合资企业购买了荷兰两个仓储物流开发项目，为位于 Schiphol Trade Park 的 35000 平方米的配送设施和 43000 平方米的两栋建筑
2020 – 12	美国	825	KKR 以总购买价 8.25 亿美元从 High Street Logistics Properties 收购了位于美国七个主要市场的约 90 万平方米的工业资产组合，基本为多租户工业资产，是 KKR 在亚特兰大、巴尔的摩、芝加哥、佛罗里达州中部和达拉斯等主要市场的现有业务的补充，此次收购将使 KKR 在美国主要大都市区战略位置的工业物业投资组合增加到约 278 万平方米

时间	地点	投资金额 （百万美元）	主要事件
2020 - 12	美国	171	KKR 以 1.71 亿美元收购了达拉斯和休斯敦的工业组合，投资组合由两个执行和分配中心组成，每个市场一个，在出售时已长期全部租赁给两个不同的投资级租户
2021 - 01	美国	—	KKR 从开发商 Provident Real Estate Ventures 和 Merit Partners 处收购亚利桑那州的物业，该物业是现代化的订单履行中心，于 2019 年完工，具有最先进的物理功能，并已长期以 100% 的价格租给高品质租户

资料来源：Preqin，Financial Times，S&P Global Market Intelligence，中金公司研究部。

日本 REITs

亚太地区上市 REITs 的市场规模占全球市场的 15% 左右，日本 REITs 始于 2001 年。截至 2018 年年末，日本市场共有 59 只 REITs 产品上市，市值 11.85 万亿日元（约合 1069.2 亿美元）。[①] 日本 REITs 以公司形式成立，为外部管理模式，也就是说与资产管理公司签订合约进行不动产管理，类似美国 REITs 管理模式。

20 世纪 90 年代后期，日本经济开始出现急速下滑，加上已经延续了多年的通货膨胀带来的泡沫经济，给日本经济几乎带来了灾难。日本是在大陆法系国家中最早制定《信托法》和《信托业法》的国家之一，是一个将信托融资发展为信托银行的国家。2000 年引入 REITs 的原因是多方面的，金融产品创新不足是最重要的原因。笔者与三井住友信托银行理事芥川佳久先生讨论过这个问题。笔者认为，日本和早期美国一样，初期对信托业没有太多的明确经营约束，日本信托业涉足广泛，包括信贷。

日本战后经济的快速恢复和高速增长所形成的日本经济发展模式主要是受惠于第二次世界大战后的美国外交政策。然而，90 年代由于日本经济结构问题所产生的负面作用，使日本一段时期以来成为世界经济学界所关注的焦点，具体表现在商业银行出现的巨额不良贷款上，比如，1998 年日本第二大

---

① 数据来源：彭博。

汽车生产商"尼桑"汽车几乎倒闭，富士银行出现了大量的坏账。当时，日本政府虽然作出了包括利率调整为零的一些经济调整政策，但之后几年仍未见到成效，2001 年 GDP 增长率仍是负的 0.5%。① 之后，日本政府很快将刺激经济复苏的重点转移到不动产行业。日本为了增加投资和达到资本能够流动的目的，开始从修正有关法案入手，规范了包括房地产在内的不动产行业的发展，日本在 2000 年颁布了有关 SPC 的投资法案。② 日本的新法案有《J－REIT 法案》，该项法案税制规定直接与国际通行做法接轨，避免了双重征税。

日本 REITs 完全可以作为投资法人机构存在，在投资法人将当年收益的90% 向投资者分红，免征法人所得税，仅对投资者从 REITs 份额中取得的分红收益征收个人所得税。与日本 REITs 的相关法律主要有四项：《投资信托法》（ITL）《TSE 准则》（TSE OS）《公司税法》（CTL）和《特别税法》（STML）。上述法律对 REITs 作出了如下规定：

REITs 公司不可以持有他人（其他公司）50% 以上的股权；

REITs 公司之间不可以相互参股、投资；

在每一个财政年度末，必须保持有一半以上的原股东或合格的机构投资者；

排名前三大股东持股份额不得超过全部股份的 50%；

排名前十位股东占比不可超过全部股份的 75%；

至少有 50% 的收入来自房地产经营收入；

必须 75% 以上的资金投入房地产或相关项目；

90% 的税后收入用于分红；

分红会计科目为支出项；

购买房地产的转手注册税项从基金中扣除；

不允许出现售后"递延税项"；

对个人股东征税同税法规定；

不许重复列税；

房地产租赁和开发不在此范围内。

---

① 数据来源：日本央行《经济社会研究》。
② 资料来源：穆迪公司《研究报告》。

20 世纪 80 年代中后期，《广场协议》严重影响了高速发展中的日本经济，80 年代后期，日元开始大幅升值。90 年代后期，日本经济开始出现急速下滑。这其中，金融产品创新滞后也是一个因素。当 REITs 在 20 世纪 90 年代后期在美国快速发展的时候，日本的银行正忙于解决其银行体系长期存在的结构问题，即贷款损失现象造成金融稳健性的信心不断恶化，银行股票价格下跌，信用评级下降，而政府则忙于解决地区性银行的信用问题。这种情况很像我国地区性银行在 2019 年出现的被托管现象，比如包商银行被建设银行托管，锦州银行由工商银行和信达资产管理公司进行整顿。在这种情况下，商业银行哪还顾得上新产品 REITs？

日本在不动产证券化进程中，原始权益人和 SPC 之间的资产交易，很多是以信托受益权的形态来体现的。之所以这样，原因如下。首先，和原始权益人直接将资产转移到 SPC 模式相比，运用不动产信托模式，可降低不动产交易环节的成本。在不动产的受让人是 TMK[①] 或投资法人的情况下，不动产交易税（不动产取得税、登录免许税）等虽有减免优惠，但通过信托受益权进行交易的方式，进一步降低了成本。不同点在于，不动产的转让是所有权（物权）的转让，而与此相对的是，信托受益权的出让是债权的转移。日后希望出售资产的 SPC，多采用这类信托模式。其次，如果 SPC 的形态采用的是 KK 或 GK，则必须适用信托。在 KK 或 GK 之下，如果不是采用信托受益权模式，而是以实物不动产的收益形式分配给投资者，其适用的法律是《布特法》。在此情形下，业务载体的 SPC 作为"不动产特定共同事业者"，必须取得许可证，满足从事建筑产业的严格要求，比如资本金不低于 1 亿日元。但是，以信托受益权形式将原资产收益进行分配的话，就不必遵循《布特法》，也就无须取得经营许可证。再次，信托中的受托人所行使的职能，可使证券化的目标不动产更为安全地运行或交易。[②]

值得注意的是，日本是最早将 REITs 作为新型货币政策工具的国家，而且效果明显。2009 ~ 2018 年是日本 REITs 发展最快的时期，复合增长率最高

---

① "Tokutei Mokuteki Kaisha" 的缩写，TMK 是基于日本《SPC 法》的投资载体，用于与 SPC 之间的区分。

② 【日】三菱日联信托银行. 图解——日本 REITs［M］. 车阳等译. 北京：中信出版集团，2019.

年份达到 85.7%。① 日本政府在寻找应对自 20 世纪末以来的长期通胀紧缩、经济增长大幅放缓、房地产和股票等资产价格严重缩水的局面，日本央行于 21 世纪初采取了新的货币政策调控，使用 REITs、ETFs、公司债等多种金融工具对金融市场的基础货币、利率和风险溢价进行调控。引入 REITs 后，日本央行的资产表不只体现为央票和国债等固定面值的金融资产，而是出现了多样化、市场化的特点，其资产价值直接与物价水平关联，使日本央行对通胀的刺激发挥了作用。在日本通货紧缩的情况下，市场形成资产价格持续下降的一致性预期，货币资产反而受到青睐，导致总需求疲软，金融机构资产负债表恶化，通货紧缩进一步加剧。日本央行通过大量购买 REITs 旨在支撑资产价格，优化银行资产负债表。此外，通过央行购买 REITs，为资本市场直接注入了资金，降低了资本市场利率，提高了市场活跃度，提振了市场信心，扭转了悲观情绪，从而改善了总需求，打破了通货紧缩的自我循环。日本央行采取的非常规货币政策，阶段性取得了成效。之后，随着日本政府其他经济刺激政策的不断出台以及量化宽松的货币政策、日本央行对日本 RE-ITs 产品的大量购买以及日本的低利率状况对发展 REITs 产生了积极的推动作用。

表 4 - 4　日本央行资产负债表（2015～2017 年）

单位：万亿日元②

	2015 年底	2016 年底	2017 年底
政府国债	325	410	441
商票	2.2	2.3	2.2
公司债	3.2	3.2	3.2
ETFs	6.9	11	17
J - REITs	0.26	0.36	0.45
贷款	36	40	48
总资产	383	476	521
银票	98	102	107
活期存款	253	330	368
总资产和净负债	383	476	521

① 数据来源：彭博。

② 资料来源：日本央行。

此外，获得 2020 年奥运会举办权，也带动了日本 REITs 的发展，2015 年，日本 REITs 市值仅排在美国之后，位居全球第二。但是日本 REITs 的杠杆率在亚洲国家是最高的，达到 44%。日本 REITs 单一物业中，写字楼占比 21%，酒店和公寓分别为 14% 和 10%。酒店 REITs 产品的平均市值最高，为 30.21 亿美元，是其他 REITs 平均值的 2~3 倍，这与日本的产业结构有关，尤其是与旅游业关系大。对于日本不动产行业的发展和变化，三菱日联信托银行的研究报告得出的结论是这样的："在 21 世纪，日本见证了不动产证券化市场的发展，同时也经历了新的市场周期。不动产市场在经历了基金金融泡沫的过热期和金融危机后的停滞期之后，又因安倍经济学的启动而重新步入恢复期。在此期间，不动产证券化市场也因《金融商品交易法》等法律的出台以及有关 REITs 法律的完善，逐渐步入成熟期。"[1]

韩国 REITs

信托业在世界各国的情况大不相同，多数亚洲国家起步都很晚。几乎是在日本引入 REITs 的同时韩国也引入了 REITs，韩国是在 2001~2002 年引入 REITs 的。韩国引入 REITs 的主要动机是包括帮助经营困难的房地产开发商进行资产重组，剥离银行的不良资产以达到改善银行资产负债表的目的，为此韩国还专门设立了重组 REITs，这是韩国的一个特征。

曾经创造了"汉江奇迹"的韩国，如今已经进入了全球十大贸易国的行列，其经济发展模式值得研究。第一，自 20 世纪 60 年代初，韩国就制订了国家经济发展的"五年计划"，第一个"五年计划"始于 1962~1966 年。20 世纪七八十年代韩国经济的腾飞都是按照"五年计划"完成的。在具体模式上，先是采用了进口替代型模式，之后又转向出口优先型发展模式。第二，国家大力扶持大型企业，现代集团、大宇、三星、LG、韩进、SK、大林、双龙、鲜京等集团公司都是在那个时期发展壮大的，并成为世界知名企业集团。美国学者把韩国的这类企业称为"Chaebol"。韩国这个时期的模式类似于日本在 20 世纪五六十年代的发展模式，日本战后出现了三菱、三井、丸红、丰

---

① 三菱日联银行不动产咨询部研究报告。

田、尼桑、索尼、三洋等大型企业集团。在日本，与"Chaebol"对应的名字被称为"Zaibatsu"。第三，韩国的"Chaebol"比日本的"Zaibatsu"经营范围更广泛，被称为"八爪鱼"（Octopus）。"Chaebol"经营范围大到船舶、坦克、计算机，小到彩电、冰箱、微波炉以及牙膏牙刷等日用品。第四，"Chaebol"大多都经营房地产①。

1997 年始于泰国的亚洲金融危机很快波及了韩国，政府在接受了国际货币基金组织 580 亿美元的有条件贷款后，拉开了这个东北亚国家民族工业经济发展模式改革的序幕。在房地产领域，韩国从引入资产证券化（ABS）、抵押资产证券化（MBS）入手，通过资产管理公司（KAMCO），借鉴美国的托管方式处置银行的房地产不良贷款（NPL）。韩国借着获得平昌冬奥会举办国的机会，在体育场馆和运动员村公寓建设上引入了 REITs。有关法律是这样规定的：

REITs 公司的设立由建设交通部牵头审核批准；

最低资本金为 500 亿韩元；

设定发起人股权占比为 10%～30%；

公众资金股权占比须在 30% 以上；

大股东股权占比上限为 10%；

每个财政年度末，房地产投资至少占公司资产的 70%；

公司投资新项目的资金不可超过资产的 30%，90% 的收入必须分红；

REITs 公司必须使用第三方专业公司的分析报告；

公司一经批准，立即在证券业协会进行登记备案；

REITs 公司获批后，归类为 AMC（资产管理类公司）类别监管，主管政府部门是建设交通部，一经登记，即可享受税优待遇。

韩国的经济结构在 1997 年出现金融危机后作出了有效的调整。对于政府长期主导的经济发展模式做了认真的反思，银行等金融机构在房地产经营中的不规范行为得到了纠正。金融危机前形成的发展模式，迫使韩国政府从机构投资和个人投资两个方面同时进行改革。韩国从引入 REITs、资产证券化产品（ABS）、抵押资产证券化（CMBS）入手，由国家资产管理公司（KA-

---

① 杭琛. 韩国岁月话金融［M］. 北京：中国金融出版社，2015.

MCO）引进美国托管模式处置不良贷款（NPL）。截至 2002 年第二季度末，KAMCO 已经处置了包括大宇集团不良债权在内的 60% 不良贷款，使韩国经济结构得到了较好的调整，经济恢复速度成为亚洲金融危机后最快、最好的范例，向世界各国提供了很好的经验。韩国 2001 年的立法就是从房地产法律着手的，为引入 REITs 创造了条件。

美国、日本、韩国 REITs 法律比较

在规章制度方面，首先，REITs 在美国的发展史较长，其发展历程有半个多世纪甚至更长，美国 REITs 积累了可以惠及几代人的遗产。在美国历史上，还出现过经营 REITs 的信托公司层面不征税的历史时期。即美国的机构通过构建信托计划，如果将收入分配给信托受益人，投资者可以享受免税待遇。但对于东亚国家的日韩两国，引入 REITs 的时间很短，REITs 在这两个国家是一种新的金融投资产品。其次，从法律法规方面比较，美国 REITs 法规多且完善，经过几十年的补充修改，已经成型。初期，日本仅制定了四项法律。韩国只有一项法规和一个操作流程指引。

在公司管理方面，美国、日本、韩国的 REITs 都强调了股东多样化，说明了 REITs 公司运作的特点。但由于美国、日本、韩国在领土面积、人口居住结构分布和经济规模上的差异，韩国 REITs 公司可以接受 10 个股东以下参与的形式存在，美国则要求不能少于 100 个股东，日本规定为 50 个以上参与才可以。

从法律保护强度来看，美国提供了最强的法律保护，韩国次之，之后是日本。在运作管理上，三国对于 REITs 的管理都强调了分红，但在股权份额要求上有所不同。在美国，并购重组（M&A）可行，日本、韩国则难做到。

在提供专业服务方面，美国公司在 REITs 公司内部建立专业管理团队，韩国要求第三方外包，日本公司内外都有。

如果说日本、韩国 REITs 发展时间太短，需要时间才能进行总结，我们先总结一下美国 REITs 的发展历程。概括来说，美国 REITs 有以下特点：

特点一：美国 REITs 真正成长时期是从 20 世纪 70 年代初开始。1971 年

美国有这类机构 34 家，1981 年发展到 76 家，1991 年发展到 138 家，2001 年为 182 家……1971 年规模为 14.943 亿美元，1981 年为 24.398 亿美元，1991 年是 129.682 亿美元，2001 年猛增到 1548.986 亿美元。从以上统计看，REITs 公司增长了 5 倍多，资产规模增长了 103.7 倍，增长速度惊人。

特点二：美联储利率政策对储户、机构和银行都直接产生了影响。REITs 受益于《信托公司法》（RTC），RTC 是在 1989 年金融机构改革法案基础上出台的。

特点三：在美国，REITs 投资收益稳定，远高于同期政府债券，风险低。在 1972～2000 年波士顿研究分析报告中，可以看到供选择的三种投资组合。

第一种投资资产组合：债券 40%、股票 50%、短期国债 10%，平均年收益率 11.8%，风险 11.2%。

第二种投资资产组合：债券 35%、股票 45%、短期国债 10%、REITs 10%，平均年收益率 12%，风险 10.9%。

第三种投资资产组合：债券 30%、股票 40%、短期国债 10%、REITs 20%，平均年收益率 12.2%，风险 10.8%。

日本、韩国引入 REITs 后，与美国 REITs 比较，我们看到日本 REITs 很像美国 20 世纪 60 年代的模式，很多方面都限制严格。与日本比较，韩国则比较宽松，允许 10 名参与者以下的发起股东组建公司。为达到公众受益的政策目标，韩国另有一项规定，REITs 公司在进行重组时，可以享受更多的税优政策。

业内人士普遍认为，由于美国、日本、韩国资本市场规模、投资产品、利率、人均收入水平以及投资文化的差异，仅美国 REITs 股东分红比例确定为利润的 90% 这一项规定，对公司自身发展就是个问题，尽管在 1999 年美国已从原来的 95% 降低到现在的 90%[1]。到底多少合适？日本、韩国在实践中需要探索出适合本国的 REITs 发展之路，使之成为一种真正可以利用的、能够达到执行公共政策目标且行之有效的投资工具或手段。

---

[1]　数据来源：K 红利分配 DI 研究报告。

表4-5　美国、日本、韩国在 REITs 快速发展时期的法律及公司治理结构对比①

国别	美国	日本	韩国
年份	1960	2000	2001
法律背景	颁布了四项主要法律和多项管理规定	颁布四项法律	一项法律、一个操作规程
股东结构	至少 100 个	至少 50 个	创业人占股 10% ~ 30%
	前五大股东投资不可超过总股本的 50%	前三大股东投资不可超过总股本的 50%	至少吸纳 30% 的机构投资者资金加入
		十个最大的股东资本低于 75%	每个股东投资不可超过 10%
保护措施评价	强大的《证券法》	法律保护待完善	需继续补充法规

表4-6　美国、日本、韩国 REITs 运作对比

国别	美国	日本	韩国
投资	不少于 75% 的资金投向房地产	不少于 75% 的资金投向房地产	不少于 70% 的资金投向房地产
红利分配	90% 以上的收入	90% 以上的收入	90% 以上的收入
管理模式	运营、管理、发展统筹规划	租赁，但不含发展	含发展
专业程度	内部管理专业	不强调	内外（外包）结合
兼并重组	可行	较困难	较困难

从美国、日本、韩国 REITs 运作对比看，三国之间有共同点，但也存在差异。

第一，三国的 REITs 公司都强调分红，这是 REITs 的特征。但是，在股权份额上存在不同。第二，美国的 REITs 包括运作、管理和发展三个方面的内容，而韩国的 REITs 只限定在发展方面，日本的 REITs 可以租赁经营。第三，日本的另一个不同点是没有强调 REITs 必须由专业人员运作。第四，美国的 REITs 公司完全是一个内部成为一体的全链条服务，而韩国的 REITs 公司不仅有内部的、也有外部的辅助服务。日本的 REITs 内外都无辅助服务。

---

① 杭琛. 房地产金融信托（REITs）在美日韩的应用比较［J］. KDI 专业论文季刊，2002（12）.

第五，在美国，兼并重组（M&A）是可以的，而日韩则比较难。

美国、日本、韩国的 REITs 都强调了股东多样化，说明了 REITs 公司的鲜明特征。但由于美国、日本、韩国在地理面积、人口结构和经济规模上均有很大的差距，韩国 REITs 公司可以接受 10 个股东以下的参加形式存在，而美国则必须要求股东不少于 100 个，日本要求不少于 50 个。此外，美国除了邮政局是国家企业，其他大多为私营企业。而亚洲的日本、韩国在这方面与美国也有不同。

另外，会计师事务所在资产证券化信息披露角色方面扮演着重要的角色，比如美国证券交易委员会的专项法规十分清晰。在 1933 年的《证券法》和 1934 年的《证券交易法》中对于资产证券化的注册登记、发行过程、信息披露都有要求。2008 年国际金融危机后，对于资产证券化行业加强了监管，试图弥补市场主体对资产证券化的不当利用及监管的不足，因为证券化过程中有可能放大金融风险。法案在 2014 年 9 月 4 日完成了修订，同年 11 月 24 日开始生效。修改后的法律旨在全面规范资产证券化产品的注册发行以及存续期间的信息披露，在注册标准方面制定了新规，通过提高资产证券化市场的信息透明度和时效性，为投资者提供决策参考信息，降低风险和不确定性，增强投资者信心，加强对投资者的保护。法律同时要求必须由外部会计师事务所针对服务机构的合规性出具鉴证报告。

美国、日本、韩国的国企及大型企业发展之路

这里需要说明一下，美国、日本、韩国三个国家的大型企业都是房地产产业的重要参与者。

这三个国家的国企或大型企业在土地开发、房地产建设等领域都长期处于垄断地位。国有企业与大型集团企业之间和政府之间的关系复杂，企业形态发生变化的情况时有发生，美国铁路企业就是个例子。韩国在其经济快速发展的 35 年里，这种现象也很明显。

美国的国有企业，分布在如下几个拉动国家经济的重要领域。一是土地和各类建筑物在内的不动产行业。二是由政府牵头规划建设的公路、桥梁、水电厂、机场等基础设施项目。三是国家确定的科学技术项目投资形成的资

产。美国国有资产占国家财富的20%左右，美国全国土地属于联邦政府的占30%，属于州地方政府的占10%①。美国的矿藏归国家所有，这是西奥多·罗斯福总统的功劳。他在1901年9月至1909年3月，担任两届美国总统。1880年，西奥多·罗斯福毕业于哈佛大学，在他任期内，通过开展对"国家及社会发展综合征"治理运动，保护了自然资源。在他任期内，将7800公顷土地资源收归国有②，因而保护了大量的国家矿藏、煤田、油田和水利资源。

所谓"国企"，是指企业全部资产归国家所有并由国家经营的企业，这是企业形态的一种组织形式。但是代表国家形象、在企业发展的道路上享受国家金融等政策大力支持的大型集团企业在形态上应属于另一种"国企"。比如，韩国大型集团企业是靠国家政策扶持才发展起来的，就拿现代集团、三星集团和LG集团来说，它们是家族的、更是国家的企业。一方面，在这些企业成长初期，属于国企的韩国产业银行（KDB）给了资金支持。在产业行业选择上，政府也给予了引导和支持。在资源获取上，更是别人无法与之相比的。另一方面，如今它们支撑着韩国的经济，代表着韩国国家形象，是为国家贡献最多的企业。

在企业发展道路上，政策是大型国企或大型家族企业发展得以快速成长的要素。1861～1865年南北战争后，美国政府把大量的土地收归国有，承担起铁路、公路、钢铁、军工、制造业、信息技术、房地产等基础设施建设任务。第二次世界大战后，美国的国企和大型集团企业又得到了快速发展，包括机场、公路桥梁、供水设施等基础设施建设投资占全部投资的三分之二。私营集团企业由于财力或意愿不能或不愿投资的领域由国家出面来驱动，在1989年，美国政府把铁路客运公司（AMTRAK）重新收归国有。但企业项目建设融资产品的参与者是靠社会资金而并非财政资金，政府发债是一种产品，REITs也是一种投资产品。

至于日本的国企，主要分为两类，日本称这类企业为"公营企业"。一类是国家和地方政府直接经营的企业，比如邮电、铁路、水电气供应、汽车运输、印刷以及林业管理等。另一类是国家批准、特殊的、以独立法人经营的企业，比如日本烟草专卖公社、造酒业等。地方铁路、公路、航空运输业

---

① 杭琛. 多视角看美国［M］. 北京：中国金融出版社，2017.
② 同上。

和公共健康服务领域，在日本属于政府与私营企业混合经营体。与美国一样，日本的公营企业分布在私营企业无法发挥作用或不愿参与的行业领域，比如全国性基础设施建设项目。

日本与韩国有很多地方类似，支撑日本经济的也是大型企业集团，英文称作 Zaibatsu。朝鲜战争前，日本财政长期处于赤字，民族经济依靠外国援助支撑。日本是朝鲜战争中经济方面的受益国，因为日本直接为美军提供了全方位的服务。美国军需采购为日本"Zaibatsu"战后发展提供了平台和机会。日本的商业导向型（purely commercial orientation）市场经济是日本的特点之一，在企业发展进程中，这些企业集团获得了政府的人才和财政政策扶持。①

日本的大型企业集团对国家的贡献非常大，比如丰田汽车、索尼电器、三井建设以及丸红商社等。在这方面，与中国有很大的不同。中国支撑国家经济的企业是国资委管辖下的 100 家国字头企业（SOE）。日本的银行在 1950 年得到重新构建，是根据第二次世界大战后日本本国经济特点而构建的。当 REITs 在美国规范发展的 20 世纪六七十年代，日本经济以私营企业为龙头的快速增长模式使日本一跃成为世界经济强国，日本国家政策极力追求经常性账户盈余增长，国家财富的积累大多来自非公营企业。因为在经济转型时期的 19 世纪末，日本很多国有企业都卖给了民营企业，之后民企获得银行的信贷支持，这是明治维新后，日本经济结构转型的特点之一。截至 1997 年末（亚洲金融危机那一年），日本 GDP 达到 48200 亿美元，②成为亚洲第一、世界第二大经济体。1989 年（日本经济泡沫破裂前），在按照资产规模排名的世界前十大银行中，日本的银行占到了半数以上。那时，日本的银行在服务企业时，金融产品创新没有动力，银行的收入增长，一是来自信贷业务，二是来自贸易结算。

从政府角度看，日本政府一是通过大量发行债券获得经济发展资金，二是通过对利率的调整刺激民族经济发展。日本在追求民族经济国际化快速发展的道路上，在金融产品创新方面落后美国 30 年也就不足为奇了。1985 年《广场协议》（Plaza Accord）的签订，日元大幅升值，1988 年日元与美元之

---

① Daniel I. Okimoto, "Between MITI and the Market – Japanese Industrial Policy for Hight Technology", Stanford University Press, Stanford, California, 1989, USA.

② Hazel J Johnson, "Banking in Asia", Lafferty Publications, 1997, Dublin 2, Ireland.

间的汇率上升到 125:1。《广场协议》后，日本经济再次转型，规定了商业银行对单一产业持股比例不得高于 5%。日本企业由 Zaibatsu 向 Keiretsu 模式转变，此时的日本银行业才意识到金融产品创新的意愿。

综上所述，日本、韩国在国家经济发展快速增长的 35 年里，企业是银行的，银行也是企业的，企业和银行都是"民族"和"国家"的。商业银行、地方性商业银行以及行业金融协会构成了两国融资框架的二元结构。在日本、韩国的那个特殊历史时期，农业协会、渔业协会、林业协会都扮演着银行的信贷角色，这类金融机构和地方性城商行提供的贷款满足了龙头产业发展资金需求。在这个历史时期，日本、韩国的银行没有融资产品创新的动力，非银行金融机构和美国没有可比性，这或许是为什么 REITs 在 21 世纪才被引入两国的原因。

REITs 在新加坡的发展之路

从市场化角度讲，新加坡是一个比较成熟的市场，监管体制以及相关的 IPO 案例都给我们提供了可借鉴的模式。早在 1999 年新加坡政府就颁布了有关 REITs 的管理办法，三年后的 2002 年 7 月发行了首只 REITs —— 凯德商用商业地产信托（Capital Mall Trust）。之后，新加坡迎来了 S – REITs 的高速发展期，在 2006 年有 26 只 REITs 挂牌交易。新加坡对 REITs 的监管可概括为以下七点：一是把 90% 以上的应税收入分红，方有资格享受税优政策。对于 S – REITs 的海外项目，政策同等。二是规定 75% 以上的托管资产应投资于能产生收益的房地产项目。既体现了政策性，又有一定的灵活性，保护了投资者利益。三是为了规避投机行为，要求 REITs 不能从事房地产开发，或者投资于未上市的房地产开发企业，除非项目竣工后确定收购或自持。四是对于未建成的不动产物业的投资额度有严格的限制规定，项目建设尾款和物业开发资金总额不能超过 REITs 的 10%，对于这类项目，出租金是 REITs 的主要收入。五是对于投资者进行买卖所获收益、分红收益产生的资本利得不进行征税。六是杠杆率上限为 45%，比原有规定（35%）稍有放松，为通过债务获得资本创造了一定的条件。七是 REITs 管理人必须品行好、专业、专注。

从 2010 年开始，新加坡 REITs 的业绩一直非常好，而且业绩波动也逐渐

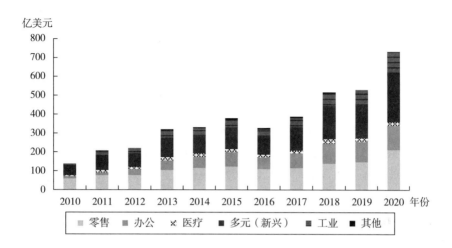

图 4 - 3 新加坡公募 REITs 市值按行业分布

（资料来源：中金公司研究部）

减少。在 2011 年 8 月开始的欧元危机中，新加坡 REITs 的份额价格表现与其防御性投资的声誉度匹配，跌幅远远小于一般股票。随着市场的逐渐成熟，投资者更加理解了 REITs 顽强的生命力，这种发展趋势，又吸引了更多的长线投资者，形成了一种良性循环的投资环境。

在新加坡，与绝大部分其他公司不同，新加坡 REITs 是以信托基金的结构设立的，这一结构的基础是由受托人和 REITs 管理公司签订的信托合同。这种契约式合同约定了 REITs 所采取的经营策略和份额持有者所享有的权益。第一，在新加坡 REITs 中，受托人是指接受份额持有者委托的一方，双方根据信托契约的约定，受托人需要确认 REITs 持有的所有房契都是准确无误且所有租约也都是有效的。法规要求受托人必须保护所有份额持有者的权益，基于受托人的职责和服务，根据 REITs 所持有物业的总价值收取一定比例的管理费，通常在 0.1% ~ 0.15%。第二，新加坡的 REITs 管理公司通常是发起人为管理 REITs 设立的全资或合资子公司。REITs 管理公司的董事会对 RE-ITs 承担管理责任，REITs 管理公司的首席执行官和其他公司的首席执行官一样，对设定和执行 REITs 的经营战略承担责任。REITs 管理公司按照其管理物业价值的一定比例获得固定管理费，并按照物业总收入和净收入（物业管理）获得浮动管理费（Management Fee NPI）①，一般为总收入的3%上下。REITs管理公司在购入或处置资产时，会有相应的费用收入，这种处置费用在0.5%～1%。第三，就是物业管理团队，其核心职能是确保为物业招到最佳租户组合，按时收取租金，并与REITs管理公司一起设计物业市场营销推广计划。很像个人投资者雇用一家物业管理公司运营模式，避免了直接与租户直接打交道的繁琐事务。通常，新加坡的物业管理公司也是发起人的一家子公司。物业管理公司根据物业的总收入和净收益提取管理费，比如，凯德商用新加坡信托向物业管理公司支付总收入的2%、净收入的2.5%。以上费率如何确定？REITs份额持有者几乎没有任何话语权。由于政府并未就如何处置REITs相关费率设立监管条例，投资者只能简单地把这些费用视为获取专业物业及资产管理公司的成本。

新加坡REITs与美国REITs相比，新加坡REITs规定也是将至少90%的利润用于支付红利。管理上和韩国REITs管理模式类似，新加坡REITs管理分三个角色，即受托人、专业管理公司和物业管理公司。美国麻省理工学院、韩国产业研究院都把新加坡REITs的发展作为一个在东南亚成功引入的案例加以研究。博比·加雅拉曼在其《投资REITs积累财富》一书里将投资新加坡REITs的业绩表现分成了三个历史时期：2002～2007年为牛市期，2008～2009年为恐慌退出期，2010年以后为稳定期，书中其对REITs各阶段比较分析如下：

在牛市期（2002～2007年）的初夜，凯德商用新加坡信托（Capital Land Trust）上市，拉开了新加坡REITs的序幕。之后，REITs在新加坡很快得到了推广。那个时候，房地产业在新加坡属于低谷期，互联网泡沫的破灭使新加坡经济停滞不前，股市毫无生气，银行定期存款利率在1.3%～1.5%徘徊。在这种外部条件下，凯德商用新加坡信托以新加坡不动产作支撑、以支付7%/年回报的投资方案吸引了大批的投资者，人们对凯德商用新加坡信托这类稳定高收益的投资产品表现出了极大的热情，REITs开始在新加坡受到投资者追捧。紧跟凯德商用新加坡信托之后，其他公司REITs也陆续发行。比如，腾飞房地产信托（A-REIT）、新达信托（Suntec REIT）等。由于REITs产品给投资者带来的惊喜，催生了新加坡REITs的牛市。例如，凯德

---

① NPI指净物业收入。NPI代表了扣除相关费用后的盈利能力，是资产估值的重要指标，将NPI除以资产价值即为物业收益率。

84

商用新加坡信托在 IPO 的时候，仅拥有 9 亿新加坡元（以下简称新元）的 3 个物业资产。四年后，凯德商用新加坡信托买入 13 处物业，资产猛增至 40 亿新元。这些收购都是增益收购，带来了每股红利的逐季持续攀升（凯德商用新加坡信托的每股红利从 2003 年的 8.03 新加坡分增长到 2007 年的 13.3 新加坡分）。① 每股红利的提升，带来了份额价格的上涨，REITs 一夜间从一种稳定分红的长期投资产品变成了被热炒的高增长股票。

　　REITs 在新加坡能够成功推行，完善的法律监管提供了保障。包括 REITs 在内的集合信托计划，必须遵守新加坡《证券期货法》（SFA）第 289 章的监管要求，才能在新加坡证券交易所主板上市。这套法律非常完善，比如，《集合投资计划准则》（CIS）《REITs 指南》《IPO 指引》及《信托纲要》等。其中，《证券期货法》《集合投资计划准则》《REITs 指南》和《信托纲要》都对 REITs 资产管理公司、房地产经营管理公司、托管人以及股东的权利义务和责任有明确的规定要求。在《REITs 指南》里，对新加坡 REITs 的运营有具体的要求，比如对允许投资和不允许参与项目的要求、对资金杠杆上限要求、对估值及赎回条件等都做了具体规定。在新加坡，受托人必须是根据新加坡国家《信托法》注册的、专门从事信托业务的企业。比如，佳盛房地产投资信托基金，在这只 REITs 里，新加坡 Macquarie 房地产有限公司持有 20% 的股权，机构投资者有淡马锡、星展银行、德意志银行、摩根大通、大东方人寿保险公司和美洲国际保险公司，零散个人投资者资金占比达到了 66.7%，募集规模 6 亿新元，基金托管人是汇丰银行新加坡分行。这么多世界一流银行和非银行金融机构参与，公开募集有保障，公信力高。

　　通常，世界发达国家有两种通过房地产抵押获得资金的渠道，一种是住房抵押贷款（RMBS），另一种是商业住房抵押贷款（CMBS）。② CMBS 与企业债券比较有三个特点：一是提前偿付，二是风险滞后，三是信息透明。由于新加坡 REITs 的资金来源很多是通过杠杆取得的，比如通过大量使用 CMBS 进行融资，很快新加坡 REITs 市场出现了 2008 ~ 2009 年恐慌退出期，重要原

---

① Bobby. Jayaraman, "Building Wealth Through REITs", Marshall Cavendish International (Asia) Private Ltd., 2014, Chapter One.

② Residential Mortgage – backed Securities (RMBS), Commercial Mortgage – backed Securities (CMBS).

因是来自 2008 年美国次贷危机的影响。REITs 公司获得融资的资本市场由于资金供应渠道的停止,"现金为王"理念在人们的头脑中替代了渴望通过投资获取利益的想法。金融危机对于包括 REITs 在内的杠杆融资投资影响非常大,人们的恐慌心理战胜了渴望通过投资获取收益的欲望。一些 REITs 公司经营面临可能由于破产带来的挑战。恐慌期后,自 2010 年起,新加坡 REITs 进入相对稳定期,投资业绩一直良好,且股市波动逐渐减少。经历了金融危机的冲击和考验后,新加坡 REITs 逐渐成熟,投资者理解了 REITs 的顽强生命力,其股价的稳定使更多的投资者再次把眼光投向这款产品。当然,在这个时期,新加坡绝大部分物业中心的租金成倍数的增长也是新加坡 REITs 收益稳定的另一个重要原因。

有专业机构对 2005 年新加坡 Prime REITs 按照组织架构、组建过程、后期管理以及费用等进行了细致的分析,这份分析报告较全面、系统地解读了新加坡 REITs 模式及效果。在组织结构上,Prime REITs 是第 7 只在新加坡股票交易所上市的不动产投资信托基金。该公司拥有两处位于新加坡购物和旅游黄金地段的物业,其中一处在乌节路中心位置的地标性商业楼盘物业。两处物业,Prime REITs 分别拥有威士马广场 74.23% 的所有权和义安城 27.23% 的股份。上市前,公司在 2005 年 2 月 28 日对两处物业做了估值,根据评估结果,持有的楼层对应的净资产分别是 6.63 亿新元和 6.40 亿新元,总价值 13 亿新元。

首次公开募股(IPO)

Prime REITs 的首次公开招募共计 5.8192 亿股,其中 5.2392 亿股分配给了机构投资者,剩余部分公开募集。2015 年 9 月 13 日上市,发行票面价格 0.98 新元。IPO 终止时,认购额达到 217.16 亿股,超过了总募集股份数量的 35 倍。机构投资者有星展银行、友邦保险和大东方人寿保险,这些机构在这次公开募集中共被分配到 1.253 亿股 Prime REITs 的股份。

Prime REITs 股权结构

新加坡 Macquarie Real Estate Singapore Pte Ltd. 公司担当了保荐人角色,

股权为20%。其他机构还有淡马锡、OCBC 集团、德意志银行、摩根大通，合计占股 13.3%。

不动产资产组合

Prime REITs 的不动产组合位于乌节路的两栋地标商场——威士马广场和义安城楼盘。其中，威士马广场的资产由 4 层裙楼组成。Prime REITs 拥有 331 个分层单位的零售铺面和写字楼，净出租面积为 20447 平方米，其资产约占整个威士马广场楼层的 74.23%。义安城是一栋综合商铺楼宇加写字楼组合的商业楼盘，拥有两座共 27 层的写字楼塔楼、1 栋 7 层的裙楼以及地下店铺和停车场。Prime REITs 持有义安城 4 个楼宇的零售商业地产，占义安城总资产的 27.23%。

基金受托人

汇丰银行国际信托公司。

风险管理安排

每个季度召开一次董事会。主要评估 REITs 运行的财务表现，同时评估商业风险，审查管理层的工作尽职情况。

表 4-7 Prime REITs 股权结构

上市后拥有股份		
	股份数量（千股）	比例（%）
财务保荐人	188600	20%
重要投资方		
美国国际寿险公司	64516	6.9
星展银行	30408	3.2
大东方保险公司	30408	3.2
公众	629068	66.7
合计	943000	100

新加坡 REITs 能够成功，概括起来有以下八个特点：（1）优质而富有韧性的资产。（2）收益性和增长性相结合。（3）商业模式易于理解。（4）税优透明。（5）可抵御通货膨胀。（6）流动性好。（7）投资风险分散。[①]（8）公司治理结构健全。比如，Prime REITs 基金，设立了董事会、审计委员会等高级管理层架构。董事会负责制定管理目标，并负责监督目标的完成。由董事会对 REITs 管理公司进行管理，包括运营系统管理、风险管理流程的制定等。董事会有六名成员组成，两位独董、一位执董和三位非执行董事。审计委员会由 REITs 管理公司董事会委托，由主席和独立董事组成。其职责包括：负责监督管理及评估 REITs 高管层内控效率，评估报表和其他信息的可信度，积极配合外部审计机构的工作。在风险管理方面，董事会要求每个季度都要开会碰头，评估 REITs 业绩表现。但也要看到，新加坡 REITs 开始时对物业开发金额的规定要求不得高于 REITs 所有物业价值的 10%，这一规定限制了新加坡 REITs 从事房地产的开发能力，随后新加坡金管局修订了相关规定，允许 REITs 把上限提高到 25%。

在新加坡，一方面，REITs 严禁投资于空白土地，但准许其对将在空白土地上建造的但未完成的不动产进行投资开发。对开发项目和未完成的开发项目的投资额不得超过 REITs 总资产的 10%。同时，REITs 可以投资上市和未上市的抵押贷款证券，或是由不动产或非开发商公司发行的股票。但是每一单笔证券投资不得超过该证券发行额的 5%。另一方面，新加坡 REITs 所有的负债率不能超过其总资产的 35%，包括所有的借款和递延款项。但根据新加坡 2005 年修订的指导原则，如果 REITs 获得一家国际评级机构的信用评级报告并向公众公布，其总借贷比例可以超过 35%，但不能超过 60%。只要这个 REITs 的负债率超过 35%，就需要持续为 REITs 进行信用评级并公开相关的信用评级报告。由此可以看出，新加坡的政策既有原则性，又有灵活度。

在税优政策上，第一，新加坡 REITs 要求 90% 的利润在派发给基金投资人时，国税局（IRAS）不收取任何费用。对于没有派发的盈利，则须按照有关规定收取企业所得税。对于外国非个人投资者，需要按派息事先纳税，税率从 20% 下调到 10%，期限 5 年。第二，对于基金持有人的税优政策，所有

---

① Bobby. Jayaraman, "Building Wealth Through REITs", Marshall Cavendish International (Asia) Private Ltd., 2014, Chapter One.

持有 REITs 的个人投资者，不论国籍或者纳税地，均可免除 REITs 红利收益的所得税，而合伙或非个人基金持有人则必须缴纳和 REITs 红利收入有关的税。第三，免除印花税。在新加坡政府 2005 年颁布的财政预算中明确规定，出售给 REITs 的不动产可以免除印花税，期限 5 年。这又是一项鼓励 REITs 发展的具体措施。新加坡政府出售给已上市 REITs 的不动产要征收合约交易价格 3% 的印花税，而这项规定则取消了 3% 的印花税。

表 4－8　新加坡 REITs 与上市公司法律架构比较①

	REITs	上市公司
法律依据	信托契约	Term Sheet、Memo、合同
管理模式	委托外部专业管理机构进行管理，并指派第三方专业不动产物业管理公司进行物业的经营与管理	董事会负责公司决策及管理
资产持有方式	REITs 为非法人实体，不直接持有资产。REITs 资产为外部专业托管机构持有	公司可直接持有资产
商业运作	受不动产基金指导措施的限制约束	具有充分的自由度进行商业运作
盈利分配	红利派发不受限制	一般只能派发红利
杠杆限制	未获评级：35%，良好评级：60%	无杠杆限制
监管依据	REITs 指南 证券、期货法规（集合投资、CIS） IPO 指南 公司管理准则	公司法 证券及期货法规（IPO 章节） IPO 指南 公司管理准则
税收	个人股东从 REITs 的分红收入免征所得税，且不分是否是新加坡的纳税居民	REITs 的特殊税收条款不能用于上市公司
董事	REITs 管理公司的每位董事都需符合新加坡金融管理局（MAS）的任职资格	对上市公司的董事不做要求
年度股东大会	不要求	要求

　　总之，在新加坡，REITs 是一种优质的金融投资产品。一是因为 REITs 是优质而富有韧性的资产。许多新加坡 REITs 拥有最好和最吸引人们眼球的物业，这些物业经历了时间的考验，在各种经济情况下都有着较强的获取收入的能力，投资者可以高枕无忧。二是新加坡 REITs 具有收益性和增长性相结合的特征。新加坡法律明确要求将其利润的 90%～100% 以红利发放，这

---

① 资料来源：新加坡有关法律法规。

就给投资者带来了稳定的收入。因为 REITs 持有的物业有着较大的增值潜力，有可能通过提高其资产价值而带动份额价格上涨。三是 REITs 的商业模式透明，易于理解。几乎所有相关信息都向投资者公开。投资者感觉自己就是老板，这和投资于专业化行业（如制造业或高科技行业）不同，这些行业的大部分信息只有从业者才能了解。四是税收优惠政策的制定实施。新加坡 RE-ITs 在公司层面是免税的，投资者不需要为获得红利纳税，意味着 REITs 的利润几乎能够百分之百地成为份额持有人的财富。五是抵御通货膨胀。新加坡 REITs 在很长的时间里，都成功做到了以接近通胀率的幅度提升租金，从而成为一种抵御通货膨胀的投资手段，这与债券投资完全不同。六是新加坡 REITs 的流动性好。和实物房地产不同，新加坡 REITs 是一种具有高度流动性的产品，同股票一样，新加坡 REITs 可以在交易所进行交易。七是新加坡 REITs 的分散性特征。在投资者购入新加坡 REITs 时，投资者买到的是包括多处物业和租约的一个份额，这就极大地降低了投资者的投资风险。最大的零售业 REITs——凯德商用新加坡信托的收入来源就来自 15 个不同地点的购物中心的 2500 份租约。

马来西亚 REITs

与日本、韩国、新加坡这三个亚洲国家比较，有研究报告指出，马来西亚才是在亚洲最先引入上市地产信托基金（Listed Property Trusts，LPTs）的国家，LPTs 是 REITs 的初始形态。[1] 首单地产信托基金被称为"阿拉伯马来西亚第一房地产信托"，简称"大马第一房地产信托"，1989 年 8 月在吉隆坡证交所挂牌上市。

初期，马来西亚的 REITs 发展由于税收等制度的原因，进展并不顺利。为此，政府在 1995 年修订了监管规则，在之后的 2005 年 2 月，正式将 LPTs 转型，制定并颁布了 REITs 指引。该指引有以下特点：（1）REITs 可免除税率 25% 的公司所得税。（2）借款额度为资产价值的 35%。这些措施重新激发了马来西亚的 REITs 市场，REITs 市场迅速活跃起来。

---

① Kaiwen Leong, Wenyou Tan, Elaine Leong, "International REITs: How to Invest Overseas and Build an International Portfolio" 2016, Singapore.

在 2005 年 8 月，Axis REITs 成功 IPO。随后，大型集团企业 YTL（杨忠礼集团）将旗下的 Marriot Hotel（万豪酒店）、Starhill Shopping Center（升禧购物城）和 Lot 10 Shopping Center（Lot 10 购物中心）等优质资产注入 REITs，起到了行业领跑作用。

马来西亚政府为了推广 REITs，在政策上采取了一系列富有弹性的措施。首先，率先实施零税率转换成本政策，鼓励企业设立 REITs。其次，REITs 平台不承担税负，免除印花税、房地产增值税等。这些举措使得 REITs 业绩表现明显，收益率表现持续超过马来西亚政府债券。根据马来西亚央行的数据，平均利差高达 3.6%。和新加坡 REITs 类似的是，投资者喜欢马来西亚房地产的原因在于其未来市场的增值空间。2009～2010 年，首都吉隆坡房价上涨了四分之一，也就是说，如果投资 100 万美元，一年后则可以净赚 25 万美元。这是市场环境给马来西亚 REITs 创造的有利条件，马来西亚主要城市房价波动情况如表 4-9 所示。

表 4-9　马来西亚主要城市平均房价（2019～2010 年）（马来西亚币）[①]

城市/地区	2009 年	2010 年	房价增长率（%）
吉隆坡	389906	488536	25.3
槟城	226303	265124	17.15

马来西亚 REITs 的上市和监管要求

马来西亚 REITs 的上市和监管要求可归纳为以下九个方面：一是杠杆率不超过 50%，降低了融资负债的风险。二是 10% 的低税率政策。三是投资者从 REITs 分得的红利缴税为 10%。四是至少 90% 的 REITs 税前净收益必须分配给投资者，且每个季度或每半年分配一次，保证了投资者稳定的红利收入现金流。五是同韩国、新加坡一样，必须聘请外部管理机构管理。六是本地人持有 REITs 管理公司股权比例须在 30% 以上。七是出于保护投资人考虑，要求受托人与信托机构都需证券管理委员会的批准。八是 REITs 购买房地产的价格不得超过评估价值的 110%，出售房地产的价格不得低于评估价值的

---

① 资料来源：National Property Information Center（NAPIC），Azlan Zamhari/Malaysiakini.

90%。这项规定是为了防止 REITs 管理机构滥用权力，高价购买资产或低价转让资产。九是不少于50%的基金资产必须投资房地产或 SPV，为 REITs 不偏离方向提供了保障。[①] 同世界其他国家情况一样，由于国际金融市场中的其他金融产品的波动都会受到美联储货币政策调整的影响，将会影响马来西亚 REITs 市场的发展，这里不再赘述。

澳大利亚 REITs

澳大利亚 REITs 市场起步较早且规模大，不仅在亚太地区，而且在全球市场中也具有重要地位。澳大利亚第一只 REITs 上市的时间是 1971 年。截至 2018 年末，澳大利亚有 55 只上市 REITs，市值达到 1615.4 亿美元。

澳大利亚 REITs 和亚洲其他国家的 REITs 运作模式类似，一般采取委托外部机构的管理运作模式，认为外部机构管理模式能使专业度要求高的 RE-ITs 公司在资管领域发挥更好的作用，这样才能保证专业专注的服务效果。同时，对于监管机构而言，REITs 项目审批过关相对容易，使澳大利亚 REITs 的市场扩张迅速，在二级市场颇具吸引力。

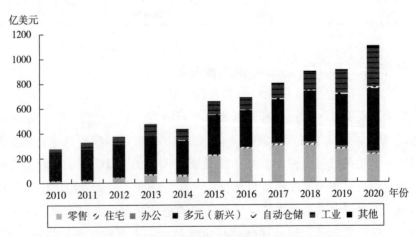

图 4-4 澳大利亚公募 REITs 市值按行业分布

（资料来源：中金公司研究部）

---

① Kaiwen Leong, Wenyou Tan, Elaine Leong, "International REITs：How to Invest Overseas and Build an International Portfolio" 2016, Singapore. Chapter Ten.

表 4 - 10　美国、澳大利亚、新加坡、中国香港对 REITs 资产要求的规定比较①

国家/地区	美国	澳大利亚	新加坡	中国香港
资产要求	至少 75% 的资产是地产或地产相关的资产	只能以获取租金为目的投资于各类资产项目	至少 70% 以上的资产必须投资于房地产和与房地产相关的项目；不能投资空地，除非此空地已经得到允许开发并且准备开发建设，投资境内新的待开发的非住宅不动产，或是境外新的未开发的不动产项目，以上这些不得超过总资产的 20%，在单一开发商待完成的项目开发投资中，不能超出 REITs 总资产的 10%	至少 70% 以上的资产必须投资于可产生持续租金收入的房地产，持有不能产生收益的房地产资产不能超过 RE-ITs 净资产总额的 10%，不允许投资空地或从事物业开发

表 4 - 11　美国、澳大利亚、新加坡、中国香港对 REITs 负债比例的规定比较②

国家/地区	具体规定
美国	无限制
澳大利亚	如果 REITs 被国外投资者控制（即最多五个国外投资者持有超过 50% 股份或者单一国外投资者持股超过 40%），负债权益比应限定在 1:3
新加坡	杠杆最高为总资产的 35%，只要 REITs 获得主要评级机构（惠誉国际、穆迪、标准普尔）的 A 级信用评级，杠杆可以超过 35%，但不能超过 60%
中国香港	债务比例以总资产的 45% 为限

　　2002 ~ 2007 年，澳大利亚 REITs 年复合增长率高达 67.7%，虽然 2008 年的国际金融危机对其产生了负面冲击，但市场很快就恢复了，2009 ~ 2018 年，澳大利亚 REITs 维持了 29.16% 的年复合增长率。澳大利亚 REITs 资产类别的市值占比是：零售类和购物中心占 42%，综合不动产占 39%，工业仓储为 18%，其他占 1%。③值得一提的是，在疫情期间，亚太区域仓储物流设

---

① 资料来源：中信证券。
② 资料来源：中信证券。
③ 数据来源：彭博。

表4-12 亚太区域资本化率调查结果

国家	城市	甲级写字楼（核心区域，%）			购物中心（核心区域，%）			仓储物流（全市，%）		
		2019年	2020年9月	变化方向	2019年	2020年9月	变化方向	2019年	2020年9月	变化方向
澳大利亚	悉尼	4.10－4.50	4.50－5.00	↓	4.00－5.25	4.75－6.00	↑	4.50－5.25	4.25－5.25	↓
	墨尔本	4.10－4.75	4.50－5.00	↓	4.00－5.25	4.75－6.00	↑	4.50－5.75	4.25－5.25	↓
	布里斯本	4.75－5.50	5.00－6.00	↑	4.50－5.25	5.00－6.50	↑	5.00－6.00	5.00－5.50	↓
	珀斯	5.25－6.50	5.50－6.50	↑	4.50－6.00	5.25－6.50	↑	6.00－7.00	5.50－6.50	↓
新西兰	奥克兰	4.80－5.25	5.00－5.50	↑	5.00－6.50	6.00－7.00	↑	4.75－5.25	4.50－5.25	↓
中国	北京	3.00－4.50	3.50－4.50	↑	3.75－4.75	4.00－5.00	↑	4.50－6.00	4.50－5.50	↓
	上海	3.25－4.50	3.50－4.50	↑	3.75－4.75	4.00－5.00	↑	4.50－6.00	4.50－5.50	↓
	广州	3.75－4.75	3.75－4.50	↓	3.50－4.00	4.00－4.50	↑	5.00－6.00	4.75－6.00	↓
	深圳	3.50－4.50	3.75－4.50	↑	4.00－5.00	4.00－5.25	↑	5.00－6.00	4.75－6.00	↓
	香港	2.00－3.00	2.50－3.50	↑	2.50－3.50	3.00－4.00	↑	3.00－4.50	3.50－4.50	↑
	台北	2.20－3.00	2.30－2.80	N. A	2.20－3.20	2.60－3.50	↑	3.20－4.30	3.50－4.00	N. A
日本	东京	2.50－3.50	2.50－3.50	→	2.50－3.50	2.80－4.00	↑	3.50－4.50	3.50－4.00	↓
	大阪	3.20－4.00	3.40－4.20	↑	3.50－4.00	3.50－4.50	↑	4.00－5.00	3.80－4.30	↓
韩国	首尔	3.50－4.50	3.50－4.40	↓	5.00－6.00	5.00－6.00	→	5.00－6.50	4.80－5.75	↓
新加坡	新加坡	2.80－3.60	3.00－3.75	↑	4.00－4.50	4.50－5.00	↑	5.00－6.00	5.50－6.25	↓
印度	吉尔冈	7.50－8.00	8.00－8.50	↑	7.25－8.00	8.00－8.50	↑	8.25－9.00	8.25－8.75	↓
	孟买	7.50－8.00	8.00－8.50	↑	7.25－8.00	8.00－8.50	↑	8.00－9.00	8.25－8.75	↓
	班加罗尔	7.75－8.00	8.25－8.50	↑	7.25－8.00	8.00－8.50	↑	8.25－9.00	8.25－8.75	→

施资本化率普遍压缩，写字楼与购物中心资本化率区间则普遍提升，比如仓储物流 REITs 项目，因为 REITs 是仓储物流生态链中的重要一环。

仓储物流开发运营商以管理规模为导向，依靠区域扩张和提升项目密度形成网络化布局（产生网络效应），打造为客户提供一站式仓储物流服务的能力，因此多数仓储物流开发运营商会通过不动产基金、REITs（及其他资产证券化工具）等组合手段加快资金周转、提高管理规模扩展速度。国际市场上，按照主体类型不同大致可以分出两类仓储物流开发运营商。研究认为国际市场上的仓储物流 REITs 按市场不同主要分为内外部管理两类，虽然和中国的公募 REITs 在产品结构上有所差异，但值得借鉴其发展经验。外部管理，主要作为退出平台的单体 REIT。这类 REITs 在亚太市场相对普遍，其特点是资产扩容主要依靠外部输入，而本身并不具备太多主动运作职能，从投资属性上也更偏债性。比较有代表性的案例包括丰树物流信托（MLT）和普洛斯日本不动产基金（GLP J–REIT）。丰树物流信托（MLT）、丰树投资（Mapletree）是总部位于新加坡的从事开发、投资、物业管理等多元业务的公司，丰树物流信托作为丰树投资管理的 REITs 之一，专门管理运营仓储物流设施，当前资产管理规模 90 亿新元。2020 年第二季度至第三季度，丰树物流信托净经营收入（Net Property Income，NPI）同比 +10% 至 2.4 亿新元，疫情期间凸显经营稳定性。历史上看，丰树物流信托的分红收益率常年稳定在 5%～7%，总收益率通常可达双位数。普洛斯日本不动产基金、普洛斯

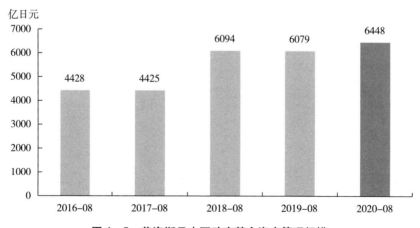

图 4–5 普洛斯日本不动产基金资产管理规模

（资料来源：中金公司研究部）

（GLP）是从事仓储物流设施开发、投资及运营的全球化公司，普洛斯日本不动产基金是其位于日本的投资信托基金，其租户主要是第三方物流公司，当前资产管理规模6448亿日元。2020年3月至8月，普洛斯日本不动产基金实现净经营收入（Net Operating Income，NOI）164亿日元，较上一报告期提高3.5%。

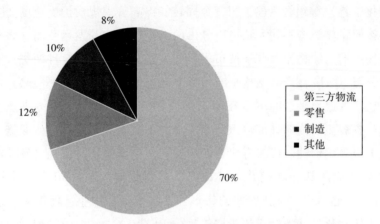

图4-6 普洛斯日本不动产基金在管项目面积按租户行业拆分

（资料来源：中金公司研究部）

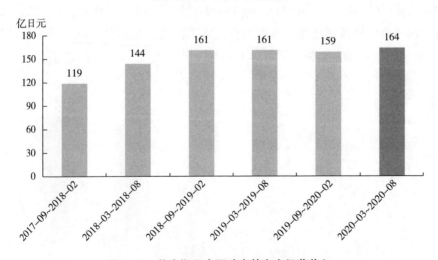

图4-7 普洛斯日本不动产基金净经营收入

（资料来源：中金公司研究部）

第五章　REITs 在我国的发展历程

我国自 1978 年实行改革开放政策以来，国家经济得到了飞速发展。2020 年我国 GDP 突破了 100 万亿元，一跃成为世界第二大经济体，但要看到，拉动经济增长很大一部分是依靠银行贷款支撑，这种阶段性的快速发展模式，形成了很多的问题，比如房地产过剩、企业杠杆率偏高加大了金融风险。为此中央提出了供给侧结构性改革的经济发展方针，强调要使用市场化手段，同时加快创新来发展经济，落实"三去一降一补"、推动转型需要好的抓手。一方面，随着我国不动产市场从增量时代进入存量时代的转型，如何盘活这么大的存量？这成为我国经济改革的重要课题。笔者认为，REITs 是推动金融服务供给侧结构性改革的好抓手、解决好上述问题的有效手段。建设 REITs 市场是我国金融体制供给侧结构性改革的重要组成部分，应加快建设步伐。2008 年 12 月，我国发布了金融"国九条"，研究 REITs 在国外的成功实践，试图尝试通过金融创新，充分挖掘民间资本，拓宽房企融资渠道，这是我国政府首次在中央级文件里对 REITs 在我国落地发展的鼓励性文件。2014 年 3 月，中信证券以北京和深圳两个办公大楼为标的，发行了国内首只"REITs"，这个产品被业内称为"中信启航专项资管计划"。由于我国尚没有相关法律法规颁布，该产品只能在深交所进行私募交易。但不管怎么说，"中信启航 REITs"的出现，开启了这类金融产品在我国的试水。另一方面，学者们一致认为，REITs 丰富了资本市场工具，拓宽了央行在公开市场业务交易对象选择，成为新常态下的货币政策传导机制选择。在二级市场，REITs 具有价值发现功能，即不动产市场的真实状况能通过价格方式得到客观反映，成为对货币政策制定和实施具有参考意义的真实信号。[1]

---

[1] 《中国公募 REITs 发展白皮书》，北京大学光华管理学院，2018 年 6 月。

转型后的我国金融体系

金融就是中介，金融机构是服务于实体经济发展的中介机构，从"商品货币时代"到"信用货币时代"，金融把处于不同空间和时间维度上的资金多余方和资金需求方链接起来的本质从来就没有变过，这就是金融的特性。REITs 是金融在不断发展变化中的好制度、好工具、好产品、好渠道。但要在我国的金融制度体系里引入 REITs，则不仅仅是一个简单的金融产品创新问题，它涉及产业结构、国企改革、改革开放后经济实体的变化与发展、银行的服务目标或目的、法律法规的跟进以及投资者教育等方面。我国推动REITs 发展十几年来，才只是有了个"类 REITs"。建立公募 REITs，需要协调众多部门。要做到统一思想，使认识达成一致，就需要先回顾一下我国当今银行体系的形成过程。

我国银行体系与世界上完全市场化的经济体银行体系所走过的道路不同。大致可分为四个不同阶段：1949～1978 年是第一阶段，1978～1999 年是第二阶段，1999～2005 年是第三阶段，2005 年至今是第四阶段。1949～1978 年的第一阶段属于高度集中的单一人民银行体系，作为货币发行和经营组织的中国人民银行既承担央行职能，也承担经营性职能，由中国人民银行集中统一经营全国的金融业务。1978 年改革开放后，中国工商银行从中国人民银行分设出来，中国建设银行从财政部分离出来，在财政部负责国家大型项目"拨改贷"的基础上，组建了中国人民建设银行。1995 年建设银行完成了由专业银行向商业银行的转变，更名为中国建设银行，2005 年率先在香港上市，由此拉开了我国商业银行改革的序幕。截至 2021 年上半年，中国工商银行、中国建设银行分别以总资产 35.13 万亿元人民币和 29.83 万亿元人民币的规模成为"宇宙大行"。改革开放四十多年来，我国已经形成了大型商业银行、股份制银行、地方银行的多元化的银行体系。截至 2021 年 6 月底，57家上市银行的总资产规模达到 232.67 万亿元人民币。① 上市银行的存款占其总资产的比例平均为 64.80%。其中，国有大行与农商行最高，分别达到

---

① 银保监会网站，2021 年 9 月 2 日。

74.89% 和 74.83%，股份制银行最低，仅为 57.70%。这些情况充分说明了我国银行体系的特征，也意味着股份制银行对同业融资的依赖性较高。

我国房地产发展回顾

近年来，尤其是进入 2021 年以来，国内千亿级地产大佬——泰禾集团、泛海控股、华夏幸福、恒大地产、阳光 100 以及蓝光发展等民营房企先后出现债务危机，以往的"借新还旧"循环被打破，说明了国内地产商在我国经济转型时期的发展模式已经造成了严重后果，这个时候需要融资创新，而融资产品的创新又需要相关法律法规政策的配套。截至 2021 年 8 月 23 日，前 8 个月递交破产文书的房地产企业累计约有 260 家，平均每个月有 32 家房地产企业宣布破产，平均每天约 1 家房地产企业破产，8 月至 9 月中旬，宣布破产的房地产企业有 42 家。[①]截至 2021 年 8 月中旬，2021 年已有超过 38 只涉房债券违约，数量超过 2020 年全年的 18 只总数，资金规模 587.2 亿元，而 2020 年为 322 亿元，违约主体以民营企业为主，到期债券状况正逐渐向前 50 大房地产企业蔓延。碧桂园发布的 2021 年半年报显示，报告期内公司实现营收 2349.3 亿元，同比增长 27%；净利润 224.2 亿元，同比增长 2.25%。从 2018 年至 2021 年上半年，碧桂园全职员工少了近 3.8 万人，业绩增速也逐年下滑。

我国的银行与地产的业务高度紧密，2021 年银行房贷及不良资产明显上升，9 月 10 日一篇报道以题为《房地产风险传导至国有大行：工行房地产业不良率暴增 85%，邮储建行踩"红线"》这样描述了银行与房地产企业的关联度。截至 2021 年 6 月末，建设银行个人住房贷款余额为 6.105 万亿元，较上年末增长 4.72%；工商银行个人住房贷款余额 6.033 万亿元，较上年末增长 5.33%；农业银行个人住房贷款余额 4.932 万亿元，较上年末增长 5.8%；中国银行的住房抵押贷款余额为 4.605 万亿元，较上年末增幅为 4.23%；邮储银行个人住房贷款余额为 2.041 万亿元，较上年末增幅为 6.23%；交通银行按揭贷款余额达 1.387 万亿元，较上年末增幅为 7.23%。此外，截至 6 月

---

① 数据来源：《中国房地产报》根据人民法院公告网统计，2021 年 9 月 10 日。

末，工商银行、中国银行、建设银行、交通银行的房地产贷款不良率出现上升态势。其中，工商银行房地产行业不良率为4.29%，与上年末相比上升了1.97个百分点，暴增85%；建设银行房地产行业不良率为1.56%，与上年末相比上升了0.25个百分点；交通银行房地产行业不良率为1.69%，比上年末上升0.34个百分点。[①] 易居研究院智库中心研究总监严跃进对第一财经记者表示，类似不良贷款增加也说明了房地产企业的经营风险开始传导到商业银行领域，自然引起了很多新问题。综上所述，面对挑战，希望通过国家的调控，慢慢让房地产和金融的关联度降至合理水平。

在国家经济转型的特殊历史阶段，我国的房地产发展迅速。主要体现在两个方面，一方面，在经济发展中银行追求利益是一个原因。由于我国的商业银行大部分收入源自利差，银行制造了大量的房地产信贷规模，也产生了很多坏账。另一方面，地方经济发展把房地产视为重要产业，由于对地方官员的考核只是片面追求GDP贡献，造成了今天这种状况。在很多二线、三线城市，房地产严重过剩。因此，引入REITs迫在眉睫、好处颇多。无论是对宏观经济层面的降杠杆、补短板、对包括房地产行业在内的基础设施行业的投资模式改革，还是对微观经济层面的企业竞争力提升等方面，均具有积极的意义。

我国房地产发展之所以出现严重过剩，与我国当时的政策紧密相关。主要体现在以下三个方面：一是在我国经济快速发展进程中，为房地产发展创造了机会和条件。在东亚国家的经济高速发展阶段，民族经济向城市化和工业化发展是必经之路。在经济转型过程中，大批的农业人口涌向城市，对住房提出了刚性需求，日本、韩国都曾经历过这个时期。比如，1953年7月朝鲜战争停战时，韩国的农业人口占总人口的90%以上，等到了20世纪90年代，农业人口仅占总人口的7%。[②] 二是20世纪80年代的我国土地制度改革以及1999年住房制度的改革为房地产发展提供了体制保障。但是改革的目的是将土地和住房问题的解决推向商品化和市场化的道路上去，国家财政资金的投入、银行及非银行金融机构的资金供给、境外资金的大量涌入以及金融产品对房地产市场的影响，把房地产发展推向了高潮。地方政府通过土地批

---

① 数据来源：《第一财经》。
② 资料来源：韩国延世大学经济研究院，1996年。

租的收益和相关税收，获取了当地房地产及城市持续发展的引擎。比如，上海在 20 世纪最后的 10 年里，土地批租收益达到了 1000 亿元，为城市发展"一年一个样，三年大变样"提供了经济支撑。三是旺盛的需求，其中包括人们对投资产品的需求，是我国房地产发展的动力源泉。我国的房地产需求既包括住房的需要，更包括对投资的需要，也就是人们口中常说的"炒房"。"炒房"现象充分体现了群众对投资产品（商品）的有效投资需求。但是，自从"三道红线"政策①出台后，许多开发商资金链断裂，因而产生了大量的不良资产。另外，开发商到期债务需要偿还使得房企面临危机。比如房企泰和、恒大都先后出现了资金链断裂问题，又比如截至 2020 年末，知名房企阳光 100 中国控股有限公司流动负债有 314.77 亿元，主要为短期借款和其他流动负债，其一年内到期的短期负债有 127.17 亿元。从房企融资新规来看，阳光 100 "三条红线"全部踩中，其剔除预收款后的资产负债率为 76.19%，净负债率 186.8%，现金短债比为 0.24，归为"红档"房企，有息负债不得增加。截至 2021 年第二季度末，阳光 100 总资产为 609.58 亿元，总负债 487.88 亿元，净资产 121.7 亿元，资产负债率 80.04%。试想，如果引入 REITs，类似问题会大大减少。

房地产飞速发展虽然带动了经济发展，改善了住房环境，但新的问题也因此而出现。民企开发商在这个时候把解决资金问题从银行转向了其他方式的融资，有的寻找承建单位垫资，在垫资期间，通过预售房子解决资金。而更多的老板把眼光投向了私募基金，即 PE。有的企业干脆在企业内部成立了私募股权基金公司，从属于一个集团，并由之串联至不动产，渴望以此模式替代银行先前的作用。应该说，我国 90% 以上的 PE 公司运作不规范，且不专业。值得注意的是，REITs 起源于房地产领域，但随着市场的不断发展，其适用范围不断扩张，基础资产逐步涵盖了通信设施、电力配送网络、高速公路、铁路附属设施、污水处理建设以及一切其他能产生长期稳定收入的基础设施不动产资产，因而 REITs 很值得我们认真研究。

---

① "三道红线"是指：（1）房企的净负债率不得大于 100%；（2）房企剔除预收款后的资产负债率不得大于 70%；（3）房企的"现金短债比"小于 1。按照三道红线，可以将房企分成红橙黄绿四档，每档企业分别对应的有息负债增长标准是：（1）三项指标全部过线，有息负债不得增加；（2）两项指标过线，有息负债规模年增速不得超过 5%；（3）一项指标过线，有息负债规模年增速不超过 10%；（4）全部达标，有息负债规模年增速不超过 15%。

关于 REITs 的发展

在前四章里，我们谈到各国 REITs 的发展与资本市场的完善都是密切相关的，美国、新加坡、马来西亚、日本、韩国 REITs 的发展都说明了这个问题，因为资本市场是股份制度发展到一定阶段的产物。与国外成熟的资本市场相比，我国资本市场建立较晚，1990 年 12 月才在沪深两地建立证券交易所。与此同时，我国城镇化的高速发展，包括商业地产在内的不动产得到了快速的发展机会，机构投资者和个人投资者的理财需求正伴随着资本市场的发展也在不断地增加，这些因素必将成为中国建立 REITs 机制的重要驱动因素。股份公司通过发行股票、债券向社会公众募集资金，在实现资本集中、扩大社会生产的同时，也为资本市场的产生提供了现实的基础和客观要求。REITs 于 2003 年引入中国香港房地产市场，比韩国晚了两年多。2005 年 11 月，领汇房地产投资信托基金在中国香港上市，是中国香港的第一只 REITs 基金。随后，越秀 REITs 在港交所上市，一些内地开发商物业开始在中国香港和新加坡发行 REITs，比如，睿富中国商业房地产信托投资基金（RREEF）、凯德中国商业信托基金（CRCT）等。

商务部在 2005 年 11 月提出了开放国内 REITs 融资渠道的建议。证监会于次年与深交所启动了推出国内交易所 REITs 试点管理协调小组，明确了信托基金投向已经使用且具有稳定现金流的房地产物业。2008 年 12 月，随着金融国九条的发布，REITs 第一次作为一种拓宽企业融资的渠道（也可以叫做"产品"）创新，在国务院有关会议上被提出。自 2009 年起，政府有关监管部门开始重视 REITs，模式上可分为央行版债券型 REITs 和证监会版股权型 REITs。中房集团牵头的保障房 REITs 虽资金需求量大，完全符合 REITs 模式，可是由于种种原因进展非常缓慢。保监会曾在 2010 年制定了《保险资金投资不动产暂行办法》，保险资金的介入对于房地产市场的意义非比寻常。按照办法中规定的 10% 的投资上限计算，那一年就有大约 5000 亿元的险资可以投资房地产，这对于缓解房地产资金短缺来说，是一剂良药。从我国经济发展增长趋势分析，资金的安全性和回报都是理想的，因为商业地产为保险资金提供了一个优化其投资结构的新渠道，能实现长期稳定的较高收益，使长期资产负债比例匹配。

2014 年 11 月，住建部做了相应的工作部署，在北、上、广、深先行推广 REITs。其具有标志性的文件于 2015 年 1 月出台，在《关于加快培育和发展住房租赁市场的指导意见》下发后，中国建设银行等金融机构做出了积极的响应。建设银行于 2018 年投放国内首笔租赁住房 REITs 业务，尽管这类 REITs 还不能算真正的 REITs，但仍可以归类为 REITs，即类 REITs。目前，国内尚没有一款境外市场上标准化的 REITs 产品。

我国境内的类 REITs 产品是采用了资产支持证券化架构搭建起来的，多数的实现方式为由资产支持专项计划持有 PE（私募）基金份额，PE 基金通过股权或债权方式持有项目公司（SPV），SPV 持有底层资产。在产品架构中，专项计划为产品的资金提供通道，计划经交易所审批后，向合格投资者募集资金，根据交易安排实现对基础资产的权利受让。产品涉及五个主体：投资人（持有资产支持计划）、原始权益人（基础资产的原始持有者）、基金管理人（管理 PE 基金机构）、计划管理人（管理资产支持专项计划）、资产服务或运营商（管理目标资产，即底层物业资产）。

我国房地产市场与 REITs 的关系及法律探讨

这个问题需要从两个方面界定，一个是 REITs 资金的来源，另一个就是法律规则。

一方面，近些年来我国虽然在不动产证券化方面的探讨一直都在进行着，但我国境内没有推出标准化公募 REITs，我国境内发行的是类 REITs。类 RE-ITs 为私募发行且流动性差，持有者是机构投资者。这个产品分优先级和劣后级，劣后级可以对优先级起到结构化增信作用。在特征上，类 REITs 优先级呈现出明显的债权特征，具有长久期、收益适中、风险低等特征，适合负债端成本低、久期长、风险偏好低、目标为长期稳定回报的投资者。根据上述特点分析，投资者多为银行和寿险公司，因为这两类金融机构的资金来源成本都非常低，这样银行理财资金成了目前国内类 REITs 优先级市场最大的需求者。银行自营资金通过这个渠道，流向了对资金有着迫切需求的重资产企业。投资者持有的优先级类 REITs 更多呈现出债权特征，而成熟市场 REITs

更多呈现股权特征。这些都与标准化公募 REITs 的普惠性、高收益、高流动性有着本质上的不同。

"三道红线"政策出台后，我国的房地产业融资受到了严格的限制，国家监管部门对违规流入房地产的资金实行了严加的管控，比如 2021 年 8 月 7 日中新网有这样一份报道："深圳官方 7 日发布消息称，深圳金融监管部门针对信贷资金违规流入房地产领域问题开展专项整治，经过多轮滚动排查和监管核查，截至目前，共发现 21.55 亿元经营用途贷款违规流入房地产领域。目前，深圳金融监管部门针对排查中发现的信贷资金违规流入房地产领域问题，已督促银行限期收回问题贷款；对存在违规行为的银行和责任人员，已依法启动行政处罚程序；对查实的提供虚假资料的借款人，以及协助违规套取经营用途贷款的中介机构，将会同相关部门予以通报，列入银行禁止合作黑名单，或纳入失信联合惩戒机制和征信系统予以惩戒。据了解，深圳金融监管部门在核查时发现，一些银行存在贷前资料审核把关不严、资金流向监控不到位问题；部分借款人存在虚构经营背景，套取经营性贷款并挪用于购房的行为；另有部分中介机构和个人存在提供过桥资金、协助编造虚假资料、规避资金流向监控等行为，手法隐蔽且不断翻新，给核查工作造成一定困难。深圳金融监管部门表示，将严肃查处违法违规行为，防止信贷资金违规流入房地产领域。在非现场检查方面，深圳金融监管部门建立涉房信贷季度滚动排查机制；在现场检查方面，将房地产信贷政策执行情况和信贷资金流向作为现场检查的必查重点，强化对借款主体资质、经营背景以及贷款流向的督导检查，做实投诉举报核查，及时通报违规案例。此外，在行政处罚方面，继 2020 年和 2021 年就涉房贷款违规问题对相关机构和责任人实施行政处罚后，深圳金融监管部门近期再次发布行政处罚信息，对相关机构和责任人合计处罚 1224.51 万元，其中大部分为涉及房地产信贷领域的违法违规行为。"①但是类 REITs 产品在我国的推出，为房地产业解决存量大、融资难、融资成本高等问题提供了可行的渠道，以"中信启航 REIT"为代表的私募类REITs 就属于这一类 REITs。

我国境内的类 REITs，从产品视角看和公募 REITs 不同，虽然在融资需

———————

① 中新网：2021 年 8 月 7 日。

求、权益属性、专业运作上与公募 REITs 相似，但类 REITs 是一个私募范畴，属于偏债型产品。其在组织形式、交易结构、期限、增信、流动性以及分配方式方面，与世界其他国家的权益型公募 REITs 有差别。在产品属性上，前者以债务融资为主，后者以权益型产品为主。在组织形式上，类 REITs 是一个"专项计划"，而公募 REITs 是信托基金。存续期间，前者物业形态处于静态状况，而后者是一个动态状况，即物业入池后可以新增或转手出售。在推出时，前者是资产处置，后者通过场内交易。更为重要的是，类 REITs 是被动管理，在安全运营后退出。而全球流行的公募 REITs 则是主动管理，在稳定运营的同时注重业绩的提升，保护了投资人的利益最大化。在收益分配方面，类 REITs 的优先级获得固定收益，次级在物业处置后获得收益，期限较短。公募 REITs 强制分红比例，且不低于利润的 90%，没有固定收益。

关于我国类 REITs 的具体特征，一些学者作出了如下分析：

第一，在产品属性和结构方面，类 REITs 以债务融资产品为主，通常进行分层设计，而优先级与劣后级的比例在一定程度上体现了类 REITs 的股债属性。通常劣后级占比大、优先级占比越低，产品的权益属性越强。REITs 的债务在底层项目公司中体现，债务工具多样化，包括银行贷款、债券、商业地产的 MBS。REITs 通过举债，利用杠杆获取高收益。对债务率的控制，一般在 30%～45%。第二，公募 REITs 管理模式与类 REITs 的商业逻辑不同。我国境内的类 REITs 主要管理职责由计划管理人和基金管理人承担，他们负责基础资产运营监督核查以及信息披露，对底层物业资产的运营管理是被动的。而国际上标准化的权益型 REITs 是采用主动的管理模式，其产品价值在较大程度上依赖产品管理人对物业资产的专业管理，做到了专业专注，尤其是在投资决策方面，因为他们是以 REITs 投资人收益最大化为目标。第三，在入池物业存续期表现和退出方式方面，类 REITs 以单一资产为载体，属于静态管理模式。目标资产的选择由发起人（权益人）决定，在专项计划成立时，就已经确定了基础资产的组成，产品存续期间不会增加新的物业资产，规模固定。国际公募 REITs 可以扩充募集，向外延拓展，体现出超长久、永续的特征，投资人退出方式通过二级市场进行。第四，在融资方向和定价方面，类 REITs 通过私募、非公开上市进行；向合格投资者发放专项计划份额进行融资，具体做法有内部增信和外部担保形式，而公募REITs 一般都是通过 IPO 进行融资。在我国，由于银行、保险公司等金融机构短期内做不到对劣后级投资，劣后级流动性也差，无法获得个人投资者或其他权益型市场投资者的认可。实践中，原始权益人只能从扩大融资规模、满足优先级投资者固收预期的角度对产品定价。对类 REITs 的定价博弈焦点在于优先级券种的发行成本，而不是类 REITs 产品的发行规模。至于优先级投资者，更多的考虑因素不是收益，而是从资金安全角度考虑。第五，从收益分配方式看，国外成熟市场在 REITs 收益分配上，采用了把应税收益的 90% 以股利分红形式分配给投资人，充分享有了税优政策。我们国内尚未出台相关法律法规。第六，类 REITs 产品与公募 REITs 产品的募集形式也不一样，一个是专项计划形式，以私募为主，募集范围在 200人以内。而境外公募 REITs 建立时，要求 100 人以上，前五大股东所持份额不能超过总流量的 50%，投资范围广、期限长，既可长期持有，也可进行交易转让。

经过上述对比后发现，一方面，类 REITs 与国际上的标准化公募 REITs相比，有一些差异，比如次级份额流动性低、没有退出通道等，不能得到高净值个人投资者或其他权益类市场投资者的广泛接受。这些对我国引入 RE-ITs 的政策法规制定提出了挑战。另一方面，我国境内目前现行的税法无法解决投资者以及项目公司所得税的双重征收现象，通过私募基金直接持有的项目公司股权并在现行税务框架下向项目公司发放股东借款是当前类 REITs 较多采用的税务处理方案。

在第四章中，我们谈到了国外关于 REITs 的相关法律，比如美国国会在 1960 年颁布了新的《房地产投资信托法案》，在 1960 年的税法中，将REITs 定义为"有多个受托人作为管理者"，并持有可转换的收益股份所组成的非公司组织。此时的 REITs 本质上被界定为封闭式投资公司。此后，随着其他相关法律的修改与完善，对于 REITs 的理解也在不断地发生着变化。根据 NAREIT 的最新定义，REITs 是"公司"的一种，这类公司拥有并且在大多数情况下专门管理如住宅、商业中心、写字楼、旅馆酒店及仓库等收益性房产。在马萨诸塞州，有关州法直接把 REITs 归类为商业信托。由于各国法律形式的差异，在美国等承认公司制基金的国家，REITs 的表现形式为公司。在其他国家，REITs 既可以表现为公司，也可以直接理解为信托产品。

从我国的具体情况看，因为公司制基金与中国的《公司法》相冲突，REITs 只能表现为信托，很像美国马萨诸塞州初期的立法。在第一章中，笔者简单描述了我国业界对"REITs"定义出的多种叫法，有的叫它"房地产信托"，也有的叫它"房地产投资信托基金""房地产投资基金"以及"房地产证券化"等。如果从运用原理和功能看，通过证券市场募集社会资金并投资于收益性房地产，投资人分享房地产经营收益的金融工具或金融行为，其本质就是证券化的产业投资基金。REITs 通过证券化的形式，将流动性较差的房地产转化为流动性强的 REITs 份额，提高了房地产资产的变现能力，缩短了资金占用时间，提高了资金利用效率。

房地产项目是市场上所有投资项目投资中流程清晰、程序规范并具有可预测性的投资品种。一个房地产项目从获取土地、办证、施工到回款流程清晰。房地产信托最大的风险是信托资金的实际用途大部分为补充开发商自有资金投资，这点与监管政策相违背，注定了信托融资的还款来源不是依托项目本身的现金流，从而增加了风险系数，通过 REITs 融资可以根治这个弊端。首先，REITs 的本质就是信托。REITs 是基于项目投资的核心理念，而不是基于房地产商的规模、名气及所谓的实力。开发商的名气大小及所谓的实力能为项目加分，但不能因此忽略了项目本身的开发前景评估，更不能忽略了企业的自身管理水平。因为，开发商企业的管理水平会直接导致盈利水平。其次，要视未来现金流为还款或分红来源，我国很多开发商在现金流管理方面不规范，中小型开发商对项目的管理很多都是老板一人说了算，老板文化成了企业文化。其结果是企业整天为了寻找资金忙上忙下，由于项目资金链断裂，要么通过高负债弄到一点短期的过桥资金，要么项目被搁置，完工周期无限期地被拖延，有的项目还会被债权人按照不良资产处置。所以，我国需要通过信托融资，逐渐引进真正的 REITs。

自 2003 年以来，我国一些信托公司对 REITs 的中国模式进行了尝试。比如，北京国投在 2003 年推出了法国欧尚天津店的资金信托计划，资金来自集合计划资金，集中经营带有长期租约的物业，以实现投资人期盼的稳健回报。当时，设定的预期年化收益率为 6%，与当时国际市场 REITs 的年化收益率基本一致。在 2009 年以后的两年时间里，我国房地产市场更是呈现出一片繁荣景象，房地产开发商的融资渠道逐渐从商业银行转向了信托融资，这是开发商和信托公司双赢的一个特殊时期。根据有关方面对 2010 年新发行的集合信托计划产品的统计，房地产信托产品占了较大的比重。信托公司除了为房地产开发商提供债务融资外，还发行了大量的股权、收益权、混合债权或股权产品（见表 5-1）。

表 5-1　房地产集合信托按资金运用方式分类　单位：百万元

名称	2010 年		2009 年	
资本使用	金额	%	金额	%
贷款	28941	14.52	14143	31.49
股权	71817	36.03	11093	24.70
收益权投资	47280	23.72	9913	22.07
混合债权/股权	50848	25.51	9767	21.75
其他	425	0.21	—	0
总额	199311	100	44916	100

我国信托公司提供的另一类投资产品是收益权信托产品，这类产品的操作模式被称为类 REITs，投资于资产（应收款）的收益权。根据具体项目决定投资方式，适当结合两类信托产品可让信托公司的经营更灵活。收益权信托产品与股权类投资比较，可以减少管理费，同时具有更大的流动性和较低的运作成本。[①] 但是，真正的 REITs 在我国的发展一直不是很顺利，是什么原因造成的呢？以一个银行从业人员的视角看，简单地说，是由于我国房地产融资过度依赖商业银行贷款所致。换个角度说，由于我国的商业银行收入的主要来源是利差收入，个别大银行的利差收入甚至占到其全部收入的 85%，这是我国经济转型过程中的一个非常特殊现象，使得银行没有驱动创新的动力。无论是从我国商业银行低成本资金的来源还是从服务社会多元化需求的满足程度讲，还是从收入结构或是从公司治理结构以及不良资产的形成期限来说，我国的商业银行与世界一流商业银行相

---

① 资料来源：毕马威《2011 年中国信托业调查报告》，第 10-11 页。

比还有差距。

什么样的银行才是世界一流银行？难道银行资产规模在短期内以倍数增长就是世界一流银行了吗？难道通过建立银行子公司形式扩大金融业务市场占比就是世界一流银行了吗？难道是盲目快速扩充海外分支机构后，就是世界一流银行了吗？答案当然是"不是"。那么，如何解读"不是"。原因有三：一是我国银行低成本资金来源充足，比如居民储蓄存款长期以来超过银行低成本负债的50%以上，这应该归于国家经济转型前长期形成的国民储蓄文化，银行没有风险，有国家的公信力背书。二是因银行信贷结构造成的，大银行的对公授信主要针对大型国企（SOE），巨大的利差收入使银行不用去想如何创新或通过提高服务来增加经营收入。比如在产品创新可利用方面，我国某大银行的产品多达250个，但可利用的产品低于50%，说明这些产品并不是创新产品。而美国银行（BOA）的产品有130个，可用比例却高达90%以上，说明是真的创新产品。三是体制所致，国有控股银行和国家大型支柱行业企业都是国有控股经济实体，都归属于其分管的国务院管理机构，比如国资委等。

表 5-2　世界前 10 大银行资产规模排名变化①

排名名次 1986	银行名称	所在地	排名名次 2019	银行名称	所在地
1	第一劝业	东京	1	中国工商银行	北京
2	住友银行	大阪	2	摩根大通银行	纽约
3	富士银行	东京	3	中国建设银行	北京
4	三菱银行	东京	4	中国银行	北京
5	三和银行	大阪	5	美国银行	夏洛特
6	日本兴业银行	东京	6	中国农业银行	北京
7	法国农业信贷银行	巴黎	7	花旗银行	纽约
8	花旗集团	纽约	8	富国银行	旧金山
9	农林中央金库	东京	9	汇丰银行	伦敦
10	巴黎国民银行	巴黎	10	东京三菱银行	东京

① 数据来源：《福布斯》。

从以上统计可以看出全球银行按资产规模排名近 30 多年来所发生的变化，中国工商银行一跃成为"宇宙大行"，资产规模达 30 万亿元人民币。中国建设银行总资产比 2005 年在香港上市时也翻了 4 倍之多，各类子公司多达 14 家，包括基金公司、投资公司、财险公司、租赁公司、人寿公司、资产公司、咨询公司、信托公司、合资的中德银行、期货公司、住房公司、金融科技公司、股权公司、养老金公司以及建银国际公司等。这种产业结构充分体现了大型金融控股集团的架构。笔者认为，这种现象只能说明一个国家经济转型的阶段不同、多元化发展有先有后，不能说明你就是世界一流银行，因为每个国家的经济发展进程不同、经济结构不同、经济发展战略规划侧重点也不一样。关于不动产企业资金来源问题，我国房地产业曾经过度依赖银行信贷，银行收紧口子后，中小房地产企业只能通过高息获得企业发展所需的资金。

当然，任何体制都有利弊，但我国在经济转型时期，银行产品创新可利用率不足是客观事实，这就导致 REITs 市场一直发展不起来。我们的银行都是全功能型银行，大型银行是这样，中小银行也是一样。此外，我国银行在管理和创新方面相对落后，没有真正创新的动力，因为在很长一段时间里躺着都能赚钱。中房集团原董事长孟晓苏先生为了推动 REITs 在我国落地，曾多次为国家建言。他最早在我国提出了房屋抵押按揭贷款、反向抵押贷款、REITs，积极推动我国房地产金融创新，并为之长期努力着，他是我国倡导引入 REITs 的第一人。早在 2005 年，孟晓苏先生便在多个不同场合呼吁将 REITs 引入中国。2011 年他试图在昆明公租房项目上找到突破口。他在天津发起了试图将工厂物业打包上市发行 REITs，也试图在上海推出商业地产 REITs，但由于种种原因，均不了了之。孟晓苏认为，中国房地产双轨制没有实施的一个原因是相关部门失职，另一个原因是缺少金融工具，比如 REITs 的引入和相关法律的制定。笔者认为，与日本在 REITs 引入过程相比，我国国内 REITs 的引入必须解决两个问题，一个是 REITs 在收购和转让不动产过程中，交易环节需要缴纳增值税。二是在收益分配前，需缴纳所得税。除了推动动力不足外，对于 REITs 的专业化理解也是一个问题，因为 REITs 本质上是资产证券化产品，但我国对资产证券化的政策研究不到位，这是阻碍 REITs 在我国发展缓慢的又一个主要原因。

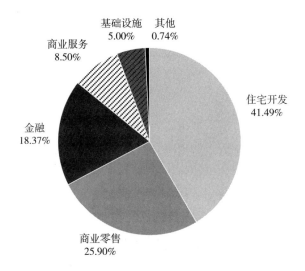

基础设施　其他
5.00%　0.74%

商业服务
8.50%

住宅开发
41.49%

金融
18.37%

商业零售
25.90%

图 5－1　截至 2019 年 3 月原始权益人所处行业发行金额占比

新冠肺炎疫情暴发后的提示

根据权威机构统计，截至 2019 年底，我国有 50 万亿元商业不动产，如何在供给侧结构性改革中，使这类企业有序经营、降低债务压力，笔者认为，包括 REITs 在内的金融产品创新是必要的选择。自 2020 年春节前在武汉暴发新冠肺炎疫情以来，我国商业不动产在疫情中岌岌可危，疫情带来的巨大冲击，让我们直观地了解了这个行业与金融机构之间紧密共生的关系，有助于我们了解商业地产在国民经济中的重要性，从而帮助我们反思政策、法律和金融模式创新。

在我国，商业地产这个特定行业指商业不动产的投资建设和物业服务管理，疫情冲击让各界进一步体会到商业不动产管理的重要性。与住宅通常被称为"私建"相对应的是，我国的商业不动产长期以来都被认为是"公建"。按照美国商业地产融资协会的定义，我国这类商业地产包括商场、酒店、医院、长租公寓、办公大厦、物流仓储、影剧院、体育场馆以及停车场等建筑物。商业不动产本质上是以经营为抓手的物业服务，应属于三产。同时，由于其重资产的属性，又与金融资本市场紧密相连，银行为其提供了大量的信贷。

截至 2020 年第一季度末，我国多地出台了房地产企业鼓励政策，目的是稳楼市，因为随着疫情的变化，未来市场都是一个未知数。如果持续第一季度的态势，房地产开发、投资、销售、开工及竣工都将严重受到影响。这个时期，多地政策的出台一是为了增加地方收入来源，缓解财政减收增支的压力。面对 2020 年卖房的市场压力，地方财政已经非常紧张了。春节过后，企业大面积停工，房地产市场前景不乐观。二是为了严控疫情，全国多个城市针对房地产市场人员相对集中的情况，陆续下发了暂停经营的通知，明令禁止售楼处、房产中介门店开张营业。此外，受疫情影响，老百姓也不敢出门看房，意味着房地产企业将面临巨大的偿债压力和财务成本支出。2020 年，95 家房产企业年内到期债券将超过 5000 亿元，① 比 2019 年暴增了 45%。融资困难是房地产企业在 2020 年面临的最大问题，这就意味着 2020 年还将有大量的房地产企业倒闭，风险将由中小房地产商扩散到大中型房地产商。因此，应尽快推进 REITs，使我国房地产融资市场向多元化发展，补充我国资本市场，降低银行及非银行金融机构可能出现的不良资产。

我国市场情况分析

我国发展 REITs 的市场空间虽然很大，但我们的商业银行在服务方面创新动力明显不足、步伐缓慢。除了本书在其他章节中对这种情况做过的分析外，长期的计划经济形成了我国银行的特点也十分鲜明，即四大行架构。一方面，大银行形成的金融资产架构是以工、农、中、建四大行引导市场的金融资产架构，无论是信贷业务还是储蓄业务，50% 以上都在四大行手中。捷克在 20 世纪 90 年代初，金融资产也掌控在四大行手中，这四大行是 Komereni Banka、Ceska Sporitelna、Ceskoslovenska Obchodni Banka 和 Investicni a Postovni Banka，尤其前两家银行是捷克的两大银行。1994 年，捷克"四大行占捷克信贷市场的 63%，占捷克全国储蓄的 75%。②

在我国，截至 2019 年第三季度末，储蓄存款总量为 176.13 万亿元。其

---

① 资料来源：中国人民银行网站。

② John Bonin，"Banking in Transition Economies"，Edward Elgar Publishing，Inc.，Massachusetts 01060 USA，p. 40.

中，居民存款约有 70 万亿元。① 长期居高不下的居民存款，导致我国商业银行缺少创新思维。另外，我国的银行低成本资金来源占比过高。几十年来，我国居民储蓄存款一直占商业银行资金来源的 50% 以上。1980 ~ 2000 年，美国的商业银行居民存款只占银行资金来源的 12% 左右。② 作为一款金融投资产品，REITs 不但在美国等非亚洲市场得到了好的发展，在亚洲的日本、韩国、新加坡、马来西亚等国也能受到市场的欢迎。他国实践证明，REITs 是一款值得在我国推广应用的金融投资产品，前提是大银行需要鼓励不断创新。

针对我国的具体情况，金融服务需要为百姓制造新的投资渠道。

我国是世界人口第一大国，14 亿人口与社会的发展新趋势以及人民对美好生活的不断上升的追求，使传统的生活思维模式受到了挑战，这些变化必将影响资产管理行业，是投资者需求端的关键驱动因素。在这些变化中，其三大主要趋势包括：居民财富积累、向金融资产配置转移和人口老龄化服务需求变化。我国人口结构老龄化趋势的发展，必将进一步促进投资理财需求。根据波士顿咨询人口数据库的测算，2010 年我国 50 岁以上人口已经占到全国人口比例的 24%，2020 年上升到了 33%，10 年间退休人口增加了 1.5 亿人。③

在人口快速增长的同时，也应该看到我国制度的优越性使得居民财富持续增长，根据波士顿管理数据库的测算，2015 年底中国个人可投资资产总额大约为 110 万亿元。其中高净值家庭（家庭可投资资产 600 万元以上）财富占全部个人可投资资产的 41%，总额约为 44 万亿元。④ 因此，引入 REITs 非常必要。

我国传统的家庭财富管理模式是什么？挣钱—储蓄，这就是长期以来为什么我国商业银行低成本资金来源一点都不用愁的原因。我国未来个人收入与传统的"挣钱—储蓄"生活模式的挑战是什么？一是已经形成的通过买房储备家庭/个人资产，二是年轻人的超前消费思想已经成型。我国经济经历了数十年的高速发展，国家已经成为全球第二大经济体，取代了日本，我国综

---

① 数据来源：中国人民银行。
② David Behling, KDI School.
③ 何大勇等. 银行转型 2025［M］. 北京，中信出版集团，2020.
④ 同上。

合实力实现大幅提升，发展成就令全球瞩目。与此同时，我国老百姓的人均收入也得到很大提升，生活条件得到很大改善，随之而来的就是不断上升的需求了。

人民银行在 2020 年 10 月对未来我国人民的需求与消费作出了这样的表述：据统计，1990 年我国居民人均可支配收入仅为 1000 元，平均每月可支配收入为 83.3 元；随着我国经济的快速发展，人均收入水平也在提升，到了 2019 年我国人均可支配收入突破 3 万元人民币，平均每月可支配收入为 2500 元左右。随着人均收入水平的提升，居民存款也在不断增加。需要知道的是，我国老百姓是习惯于存钱的，几乎每个月都会将剩余的资金存入银行，所以长期以来我国的储蓄率都处于较高水平。根据人民银行公布的数据，2020 年上半年全国人民币存款余额高达 207.5 万亿元，企业及机构的存款新增超 6 万亿元，而住户存款增加 8.33 万亿元。所谓"住户存款"就是我们老百姓在银行的存款。截至 2019 年底，我国住户存款余额为 82.1 万亿元，2021 年上半年又新增加了 8.33 万亿元，那么截至 2020 年 6 月末，我国住户存款余额达到了 90.43 万亿元，也就是说我国老百姓在银行的存款已经超过 90 万亿元。那么，90 万亿住户存款余额再除以 14 亿人口，我国居民人均存款就达到了 6.46 万元。更为重要的是，人民银行此前还公布了另外一组数据：我国有 5.6 亿人银行存款为零。这说明部分人群的确没有存款，当然，这并不能说明这 5.6 亿人直接没有存款，部分人群不喜欢将钱存进银行，而是选择投资，比如股市、基金、债务或者其他实体项目等。所以，我国居民人均存款为 6.46 万元，是高还是低呢？以上两组数据说明部分人群确实没有多少银行存款，对于老一辈人来说，大部分都以持有银行存款为主要投资渠道，而且还高于人均存款；但是对于年轻人就不同了，大部分没有多少存款，反而有不少负债。此前有媒体曝光一组数据："90 后"人均负债 12 万元，无论这个数据真实性如何，但不得不说"90 后"人均负债确实不低。事实上，"90 后"的消费观念与前几代人大有不同，他们更加倾向于提前消费，每月收入 5000 元，没有负债就不错了，存款更是少得可怜，大部分都用于各种开销。那么，中国人的钱大部分都花在了哪里？相信大家的答案基本上是一致的。没错，大部分都花在房子上面。据人民银行公布的数据，截至 2020 年 3 月末，我国家庭消费贷款余额为 44 万亿元，其中有超过 30 万亿元属于房贷，占家庭总消费的比重接近 70%。这说明我国家庭的大部分支出都在房贷上面，70% 的占比非常之高。假如 100 万元的房子，首付需要 30 万元，这 30 万元就需要两代人来掏，大部分都是上一辈人的积蓄，剩余的 70 万元银行贷款，自己上班，再每月从工资中拿出一部分来还房贷，最后还有多少存款呢？无论你有没有达标，这都已经不重要，有银行存款并不能说明你很富有，没有银行存款也不能说明你很穷，银行存款并不是所有人拥有资产的表现形式。不过，对于已经有家庭的人来说，有一笔存款还是比较好的，足以应对未来的各种不确定性事件。

以上情况表明，人民生活方式正在发生根本性的改变。

我国 REITs 的有关法律滞后

我国 REITs 一直未能落地的原因是多方面的，有学者认为，虽说 REITs 立法还没有实现，但各部委对 REITs 的推动仍在进行。商务部、证监会、发展改革委、住建部、人民银行等各种政策支持文件不断出台，市场对 REITs 的期盼仍然炽热。然而，REITs 无法落地存在深层次的原因。

首先，在思维层面，对 REITs 的理解仍然有失准确。REITs 被广泛地认为是融资工具，是解决房地产企业或者项目资金来源的工具。对 REITs 的理解仍然定位于为特定项目而进行的融资，是被动的资金管理。换句话说，对 REITs 的理解是基于企业处于第一阶段的思维，并不具备第三阶段对金融理解的基础。事实上，不论是长租公寓还是基础设施，很多情况下，之所以 REITs 被提到，是因为这些项目的收益率无法达到投资人预期的目标，无法在市场通过当前常见的金融工具获得足够的开发资金，REITs 被谈及还只是一个资金解决方案而已。在市场化的环境中，投资人也有自身的投资预期，在项目无法达到预期收益的情形下，当然也不会有充分动力投资 REITs。一个充满创新的金融工具无法被有效使用。同时，仍然处在第一阶段的开发商企业也不可能在不具备第二阶段能力的基础上进入第三阶段用金融思维思考企业发展问题。如何转换思维，进行企业战略转型是关键，这也正是中国不动产企业在新形势下迫切需要考虑的问题。

基于上面思维缺陷的基础上，呼吁 REITs 出台的机构有限。由于 REITs

被理解为融资工具，因此开发商、券商对其期待较高。但事实上，REITs 作为一个特定资产运营管理模式，面临诸多法律限制。以美国为例，REITs 被限制对物业的倒买倒卖或炒作。政府设立 REITs 的目的非常明确，REITs 是用来扶持国民经济中房地产行业长期稳定发展的，而不是成为特定企业炒作不动产、牟利的工具。同时，美国国家税法还明确限制了 REITs 每年可以出售的物业数量，设定了分红的规则等。这些对规范 REITs、保护投资人利益有着重要的意义，也是保证 REITs 长期稳定发展的基础。而这些要求，在中国对 REITs 的呼吁上还鲜有讨论和关注。这从另一个角度体现了对 REITs 的理解不够全面。

从海外 REITs 的实践来看，REITs 是一个对零散投资人非常有益的投资工具。它不但丰富了个人投资者的可投资金融产品的范围，而且由于 REITs 与其他金融产品的相关性较弱，有助于提升投资人的收益并降低风险。因此，转换思维，呼吁投资人拥抱 REITs 是不可忽略的关键。REITs 虽然是一个极好的金融工具，从以上分析中，其在中国的真正落地还有待时日。2015 年，中国证监会曾经批准发行鹏华前海万科 REITs，为 REITs 在中国的实践作出了有益尝试。同期由于中国房地产市场发展的优良环境，该基金所投万科物业价值不断上涨，为基金投资人带来了不错的收益。应该看到，该公募基金作为试点在许多方面还不等同于严格意义上的 REITs。中国 REITs 之路该如何前行，是创造有中国特色的"REITs"体系（如类 REITs）还是采纳海外的标准模式；是尽快立法推动还是等市场瓜熟蒂落，这些都值得思考。然而不论如何，"缺乏对投资人保护、违背金融常识的产品设计、跨越正确思维表面上看起来是'创新'，但都将是难以腾飞和健康持续发展的。"①

笔者认为，与国际上 REITs 发展成熟的国家比较，我国信托法体系立法层次低，法律法规单一且碎片化，处于部分法律缺失、具体规范性操作无法可依的状态，这是 REITs 多年来一直未能发展起来的原因。事实上，我国信托行业法律体系的建立和完善滞后于信托产业发达国家至少半个世纪。在英国，其信托行业的法律法规有《司法受托人法》《国家信托法》和《信托承认法》等。在美国，有在《信托统一法典》指引下的一系列法律法规。而日

---

① 资料来源：财新网，2019 年 8 月 30 日。

116

本对于信托行业在结构上更强调系统化、条理化、法典化和相互之间的逻辑性，基于《信托法》之外，日本还专门制定了《信托业法》，日本对有关信托行业的税收、保险等配套制度以及针对各项信托的规则制定也比较完善。而我国由于缺少信托市场主体法律，那么，有关 REITs 的专项基本法规和税收管理规定就不知如何做起，更谈不上配套的法律细则，直接导致包括 REITs 在内的信托本源业务以及其他各项新兴业务推进难度的加大。这些不只是对国外各项法律某一条款或某些法律制度进行补充完善的简单工作，更可能是在我们为信托业进一步定位的基础上需集政府部门、金融界、高水平研究机构和专业人员各方力量齐努力的一项工程。人力资源和社会保障部于 2004 年颁布的《企业年金基金管理试行办法》和《企业年金基金证券投资有关问题的通知》对于信托资产管理来说只是开了个头。笔者认为，第一，应该在《公司法》《信托法》的基础上，研究出台具体的有关 REITs 的法律法规，这些法规应该包括基本法规、税优政策规定、有关配套的规章制度等。第二，要考虑到交易所对 REITs 上市产品发行、交易、信息披露、合规监管等程序，应先挑选几只 REITs 做试点。这样可以实现 REITs 规范化和起点高的设想。第三，补充完善对私募基金的管理规定，培养私募地产基金对 REITs 发展的重要推动作用。

实际上，自 2009 年起，人民银行、银监会、证监会等对 REITs 的设计与制定均持开放的弹性态度。在发行模式上，REITs 逐渐变为央行版债券型 REITs 和证监会版的股权型 REITs。因为，国家保障房的建设需要大量的资金投入。如果说货币化分房政策催生了我国住宅市场的快速发展，那么 REITs 市场的建立，将为发展相对滞后的非住宅不动产市场提供难得的机会，并将成为我国不动产行业前进过程中的一个里程碑。因此，我国经济发展到了今天这个历史阶段需要引入 REITs，理由如下：一是我国 REITs 市场的建立应该遵循系统构建予以全面考虑，可以按照分阶段推进步骤实施。也就是说，在第一阶段开放不动产市场，允许境外投资机构的 REITs 前来投资。在第二阶段，应鼓励在我国经营的外国投资公司成立或建立 PE 基金，对我国不动产项目投资，从而将 PE 的投入和公募的推出两种渠道完美地结合起来。在第三阶段，国内发起人、开发商与境外资金端企业共同组建并在我国证券市场上市的 REITs。在第四阶段，当我国大部分的高档房地产通过

REITs 证券化后，就应促进和鼓励我国的 REITs 向外扩张，从而全面推动我国 REITs 市场的国际化发展。二是 REITs 属于资产证券化金融投资产品，引入这个机制对我国完善和丰富资本市场有很大的帮助。随着我国金融发展的延伸、金融改革的不断深入，商业机构需要改变传统套路，才能满足人民群众对资产管理的需求升级。特别是 REITs 自身的特点优势，必将为我国不动产市场投融资带来新的活力。在我国建立 REITs 值得期待。中金公司研究表明，现代仓储物流设施将是 REITs 基础资产重要来源。我国仓储物流设施库存总量大但现代化设施占比较低。（1）从总量上看，我国仓储物流设施总库存约 10 亿平方米，低于美国（12.5 亿平方米），但高于日本（5 亿平方米）、德国（0.7 亿平方米）和澳大利亚（0.4 亿平方米）等国；（2）人均面积角度，我国当前人均仓储物流设施库存不及 1 平方米，仅相当于美国和日本的 20% 左右；（3）从结构上看，由于行业发展历史较短，我国现代仓储物流设施库存占比仅 7%，低于一般发达国家水平，但也意味着未来提升空间较大。

虽说目前我国建立 REITs 仍存在一些挑战和问题。具体来讲，一是REITs 在国外大力发展的根本原因在于能享受税收优惠，但中国税收优惠政策还有待进一步明确，因此应尽快制定有关 REITs 的税法。二是管理人和被投资企业的道德风险问题。由于信息不对称，管理公司有可能利用各种机会牺牲投资者的利益牟取私利；一些运作不规范的企业也往往在获得投资后，侵占原有股东的利益。因此投资后的监督必须严格充分。然后，由于不动产投资信托基金主要投资于房地产，因此对房地产资产的背景、资产估值、负债情况等的调查就显得非常重要。所以，除了房地产二级市场的发展所需要的房地产价值评估机构外，房地产中介机构、担保机构、保险机构、资信评估机构以及代理机构对于不动产投资信托基金的正常运作也是至关重要的。在我国，这些相关机构目前还较为缺乏，且运作不规范。因此，我们应大力发展不动产投资信托基金的专业机构，为不动产投资信托基金的发展提供相应的专业服务。三是我国 REITs 正处于发起期，实际管理人员中以不动产（房地产）人士占据多数，但由于他们对金融的操作能力普遍很弱，因此，在我国引入 REITs，主要问题是复合型人才的短缺。我国急需掌握最新金融知识和产业发展相结合的专业人才。

此外，REITs 第三方服务包括以下机构：（1）律师事务所；（2）会计师事务所；（3）评级以及估值机构。比如保利租赁住房 REITs 架构，这是一单租赁住房类产品。2017 年 10 月 23 日，由中联基金作为总协调人，保利租赁住房 REITs 在上交所审议通过，开启了我国租赁住房资产证券化的帷幕。保利租赁住房 REITs 由中国保利集团有限公司的保利房地产股份有限公司作为原始权益人。这家企业响应国家号召，发挥了央企的带头作用，响应落实中央"三去一降一补"等政策，为促进住房回归满足居住的属性作出了尝试。

保利租赁住房 REITs 要素如表 5 − 3 所示。

表 5 − 3　保利租赁住房 REITs

要素	内容			
名称	中联前海开源，保利地产租赁住房资产支持专项计划			
原始权益人	保利房地产股份有限公司			
基础资产	原始权益人享有基金份额所有权及其他附属权益和衍生收益			
规模	50 亿元人民币			
挂牌地	上交所			
底层资产	北京大都会、西安金香槟、重庆林语溪、大连西山林语、广州天悦养老公寓以及沈阳溪湖林语等物业资产			
产品分层	优先级资产支持证券 90%		次级资产支持证券 10%	
信用等级	AAA			
期限（年）	3 + 3 + 3 + 3 + 3 + 3		3 + 3 + 3 + 3 + 3 + 3	
资金成本	固定利率/年付息		不设预期收益/按年支付剩余收益	
还本方式	到期一次性还本		到期一次性还本	
退出安排	发行公募 REITs 地产公司行使优先收购权收购底层资产（包括物业） 市场化处置物业资产或项目公司股权 集团公司和指定主体收购优先级份额			
基金管理人	中联基金			
托管机构	中国招商银行			
外包服务机构	律师机构	评级机构	会计师机构	资产评估机构
	金杜律师事务所	中诚信证评	普华永道	戴德梁行

我国 REITs 案例分析

自 2021 年下半年以来，我国大型房地产企业债券到期违约事件引起了业内的关注。10 月 20 日下午，中国人民银行行长易纲在 2021 年 G30 国际银行业研讨会议上表示：近期恒大的情况引发了较多关注。恒大是一家房地产公司，目前的主要风险是到期债务未能偿还，部分工地停工，已预售的房产按时交付有不确定性。总体而言，恒大风险是个案风险。应对措施方面，一是要避免恒大的风险传染至其他房地产企业。二是要避免风险传导至金融部门。恒大负债约 3000 亿美元，其中有三分之一是金融负债，债权人分散，还有抵押物，总体上恒大事件对金融行业的外溢性可控。

我们应对恒大事件的原则是，严格按照法律规定的受偿顺序，充分尊重并保护债权人和产权人的合法权益。在此过程中，尤其是要保护好已购房消费者的合法权益。我们将坚持法治化的原则，确保所有债权人和利益相关方的正当合法权益得到公平对待。如果引入 REITs 机制，对由于房地产企业融资渠道单一情况造成的金融危机肯定会大大减少。房地产企业造成的危机如果通过单纯为金融机构注资的方式，次数也是非常有限的。曾经亲历美国重大金融危机并参与具体应对的美联储前主席本·伯南克（Ben S. Bernanke）在 2003 年对金融体系的漏洞有更深刻的思考。美国在处理金融危机时，对于公开的货币融资具体采用了三种方式：（1）直升飞机撒钱；（2）一次性债务核销；（3）全面的银行注资。如果从银行以及资产管理公司等非银行金融机构的视角看，包括 REITs 在内的资产证券化可适应日益扩大的信贷需求，也能满足经济体的信贷需要，更能为个体投资人提供参与大型不动产项目建设的投资机会。

案例 1：存量不动产 REITs

我国首单 REITs——中信启航专项资管计划分析

2014 年 1 月 16 日证监会批复《关于核准中信证券股份有限公司设立中

120

信启航专项资产管理计划的批复》，同意中信证券股份有限公司设立中信启航专项资产管理计划，以私募 REITs 的形式推动国内不动产金融实践，开启了房地产基金投资的大门。中信启航 REITs 于同年 5 月 21 日在深圳证券交易所综合协议交易平台挂牌交易，是我国境内发行的首单交易类 REITs 产品，原始权益人为中信证券，底层物业资产是中信证券位于北京和深圳的自持写字楼物业，即北京中信证券大厦和深圳中信证券大厦。这是我国境内第一只私募 REITs 产品，这只产品应用了"私募基金＋专项计划"双特殊目的的载体构架实现了存量资产证券化，为"公募基金＋资产证券化模式的公募 REITs"打下了基础。

项目背景以及概况

标的物分别物是北京中信证券大厦、深圳中信证券大厦等不动产物业。前者位于北京使馆区，是成熟的涉外商务生活区，气氛高端、时尚，包括汉莎航空等众多国际公司自此汇集。区域环境和人文气氛具有国际化特征，2012 年北京东三环燕莎友谊商城商圈写字楼平均空置率仅为 2.5%。北京中信证券大厦以中信证券及其子公司为主要租户，租金具有较强的市场竞争力，租户履约能力强，大多数租户是长期租户，客户稳定。比如中信证券大厦总的建筑面积为 6993996 平方米，2012 年的出租率为 100%，租金收入贡献占比 99.52%。燕莎商圈写字楼当年租金水平在 319～480 元/月/平方米。又比如深圳中信证券大厦地处深圳福田区 CBD，大厦建筑面积 30439.90 平方米，出租率 100%。这座大厦是深圳大道中轴线上最大的金融机构聚集地，招商银行、兴业银行、东亚银行和深交所等金融机构落户于此，2013 年福田区甲级写字楼空置率仅为 5.6%。当时这里的写字楼租金水平在 165～250 元/月/平方米。

管理人情况

中信证券是证监会核准的首批综合类券商机构之一，于 1995 年 10 月 25 日在北京成立，注册资本 3 亿元人民币，主要股东为中信集团，直接持股比例为 95%。中信证券于 2003 年 1 月 6 日在上海证券交易所挂牌上市交易，股票代码：600030，并于 2011 年成功完成 H 股发行，是一家高级别券商机构。

交易结构/募集端

私募性质、基金投资于优质不动产，产品元素如表 5 - 4 所示。

表 5 - 4　中信启航 REITs 计划

产品名称	中信启航专项资产管理计划	
募集规模	52.1 亿元人民币	
分级	计划按照 70.1%:29.9% 的比例划分为优先级和次级 优先级份额存续期间获得基础收益，退出时获得增值收益的 10% 次级份额存续期间获得满足优先级基础收益后的剩余收益，退出时获得资本增值的 90%	
比例规模	优先级（70.1%） 36.5 亿元	次级（29.9%） 15.6 亿元
期限	预期 3 年，不超过 5 年	预期 4 年，不超过 5 年
预期收益率	7%/年	满足基础收益后的剩余部分
综合收益预估 （含资产增值预期）	7.5% ~9.8%	12% ~42%
基础收益分配时点	每年最后一个工作日分配，分配金额为完整年度的基础收益部分（第 1 年分配金额为产品设立日至 12 月 31 日的应计利息）	
评级	AAA	—

交易结构/交易端

- 私募基金以人民币 52.1 亿元分别受让北京中信证券大厦与深圳中信证券大厦项目公司的 100% 股权。

- 股权交易完成后，北京中信证券大厦与深圳中信证券大厦产生的租金收益归属于私募基金。

- 私募基金将所持物业 100% 的权益出售给中信金石基金发起的交易所上市 REITs 完成退出。退出时，75% 的对价以现金方式支付，剩余的 25% 将以 REITs 份额的方式由中信金石基金持有，锁定 1 年。在此安排下，优先级投资者将在 IPO 时点以全现金方式全部退出，相应次级投资者获得部分现金分配及 REITs 份额。

- 除 REITs 方式退出外，私募基金还可以市场价格出售给第三方来实现退出，投资物业所在北京、深圳商圈的租金及售价在未来 5 年内预计有较大的升值空间，出售给第三方是 REITs 退出方式的重要补充。

产品特点

一是属于境内不动产股权投资金融产品，二是结构设计匹配了投资人风险收益要求，三是"非标"与"标准"产品的完美结合。一方面，通过发行中信启航 REITs，中信证券实现净利润 20 余亿元，起到了补充资本金的重要作用。在当年的金融环境下，REITs 为非银行金融机构盘活了存量不动产资产，扩充了融资渠道，为补充资本金提供了新的选择。另一方面，中信启航 REITs 作为我国 REITs 的第一单，具有重要的历史意义。它开启了我国以不动产为基础的融资方式，从抵押融资、收益权质押融资等向股权出售发展。事实上，我国由于房地产政策、金融监管政策、税收制度等原因，长期以来缺少不动产投资金融产品，仅有信托及少量投资于海外不动产的 QDII 产品。

从法律视角看

"中信启航"虽然是一次里程碑式的突破和创新，但它与国外成熟的 RE-ITs 比较，不足之处是缺少税优政策的支持、门槛受限、流动性不足以及产品标准化等问题。产品仅仅停留在了私募证券化阶段。就法律层面来说，我国的《公司法》《证券法》《证券投资基金法》《信托法》以及《合伙企业法》等法律法规为资产证券化搭建的框架有差异。中信启航专项计划虽在形式上符合国际 REITs 的公募特点，但是其募集说明书规定："为了确保交易前后投资者限制在 200 人以内，优先级受益凭证转让交易时，每手为 50000 份，一次转让不得低于 10 手，次级受益凭证转让交易时，每手为 300000 份，每次转让不得低于一手。一份受益凭证面值 100 元。"换句话说，优先级每次转让额度不低于 5000 万元，劣后级不得低于 3000 万元。如此高的转让门槛，使得流动性将会大打折扣。因此可以说这项计划是一个类 REITs。

案例2：多元化需求案例

重庆菜鸟仓储 REITs 与分析

我国 REITs 有很大的市场需求，如仓储物流、养老地产等。前者自新冠肺炎疫情暴发以来，可以看出物流业发生了翻天覆地的变化，网购越来越有取代实体店铺的趋势，因而发展仓储物流 REITs 成为必需。后者由于我国已经进入中度老龄化社会，对于养老地产建设的需求越来越迫切。2014 年我国老年产业报告《老龄产业发展蓝皮书》统计显示，截至 2013 年底，我国共有各类养老服务机构 42475 个，床位数 493.7 万张，同期我国老龄人口数量为 2.02 亿人，人口老龄化程度达到 14.9%，每千人平均床位数量仅有 20 张，需求与供给缺口大。进入 2021 年，这种趋势更加明显。日本《产经新闻》2021 年 10 月 29 日刊发一篇观察报道称，中国正步入"中度老龄化"社会。

由于我国人口基数大，老年人口的绝对数量居世界首位，占世界老年人口的四分之一，占亚洲老年人口的五分之二。预计到"十四五"期末，我国进入"中度老龄化"社会，60 岁及以上老年人口规模将达到 3 亿；而到 2035 年，这一数字将超过 4 亿，相当于法国、德国、意大利、日本和英国目前人口的总和。我国民政部相关人士在 2021 年 10 月 23 日的记者会上也表示，根据相关预测，"十四五"期间，我国老年人口将突破 3 亿，迈入中度老龄化社会。那么，我国进入"中度老龄化"社会后，考验医疗、养老等公共服务设施建设将是社会保障体系非常重要的一环，因此布局健康经济和健康产业必须先行。

根据联合国标准，当一国 60 岁及以上人口比例超过 10%，或 65 岁及以上人口比例超过 7%，则认为该国进入"老龄化"社会。当这两个指标翻番，即 60 岁及以上人口比例超过 20%，或 65 岁及以上人口比例超过 14% 时，则认为该国进入"老龄"社会或"中度老龄化"社会。这里我们先来分析一下物流仓储 REITs，关于健康养老产业基础设施建设将在第六章中阐述。

计划背景

菜鸟网络是一个数字经济体的物流网络平台，推出了全国 24 小时、全球 72 小时必达的快速物流服务概念，被称为智能物流骨干网（以下简称"菜鸟骨干网"）。该网络构造"枢纽 + 通道 + 网络"服务系统，建造分布式仓储物流基础设施。目前，已经形成全国七大区域枢纽 + 数百个区域仓库和城市

仓库 ＋ 城市配送网络 ＋ 末端驿站的布局。七大区域包括华北、华东、华南、华中、西南、西北和东北，在每个区域城市之间，各类枢纽站承担了仓储、转运、进口保税、出口货物集中堆放等不同的物流功能。

产品描述

2019 年 3 月 20 日，菜鸟仓储 REITs 发行成功，这个专项计划的底层资产是位于重庆两江新区的中国智能骨干网、重庆两江保税仓库和非保税仓库的三处物业，其定位是为集团内部和外部客户提供服务。

菜鸟仓储距离江北机场货运区五千米的距离，毗邻重庆的绕城高速公路，水陆空交通均十分便利，是菜鸟集团西南地区重要的核心物流枢纽。三处基础资产出租率达到了 100％，产权归属菜鸟集团子公司重庆传云物联网技术有限公司。这个专项计划发行募集来的基金将用于推进菜鸟网建设，包括对技术创新研发的持续投入，提升数字化物流要素效率，建设和完善智能化、绿色环保的高标准物流园区，拓展城乡末端设施分布，搭建新型全球供应链网络，帮助中小企业更便捷地参与全球化贸易活动。

菜鸟集团在 REITs 领域率先尝试，通过持有私募基金及项目公司股权和债权间接持有重庆两江保税 1 期、非保税 1 期、非保税 2 期的三处物流仓储资产，产品架构设计在各个层级均为公募对接预留了灵活的安排，是我国境内首单可以扩募的 REITs 产品。这个专项计划以菜鸟集团旗下的优质高标准物流仓为底层资产，获批规模 50 亿元人民币，首发规模 10.7 亿元人民币，其中优先级资产支持证券的发行规模为 6.7 亿元人民币，发行利率为4.45％，中诚信证评级 AAA。计划由中联基金担任总协调人、财顾及管理人，中信证券担任计划管理人、负责销售。此专项计划具体内容如表 5 - 5 所示。

表 5 - 5　菜鸟仓储 REITs 计划

产品要素	具体内容
原始权益人	上海菜鸟管理咨询有限公司
物业运营方	浙江菜鸟供应链管理有限公司
产品规模	10.7 亿元人民币，优先级 6.7 亿元、次级 4 亿元
期限（年）	3 + 2，根据公募 REITs 的推出要求，可提前结束计划

续表

产品要素	具体内容			
评级	优先级 AAA, 次级无评级			
财顾/总协调人	中联基金			
基金托管机构	兴业银行			
监管金融机构	浦发银行			
托管机构	招商银行			
等级机构	中证登公司上海分公司			
外包服务机构	律师机构	评级机构	资产评估	CF 预测	会计师
	金杜律师事务所	中诚信证评	戴德梁行	国友大正	毕马威

产品特点

- 接近标准化 REITs 产品特征。

- 结构上引入了扩募机制，实现了同一产品分阶段入资、逐步扩大规模。为企业盘活存量资产、对接资本市场搭建高效运作的载体与持续性通道，节省了大量操作程序和时间成本。

- 夯实了标准化 REITs 基础，是我国境内 REITs 逐步走向成熟 REITs 市场的重要尝试。

需要提示的是，私募 REITs 是指非上市的不动产投资信托基金，变现问题是投资者需要面临的问题。从日本的实践看，我们可以发现它们之间的差异和不同之处。

表 5-6　日本的 REITs、私募 REITs 与私募基金的异同

	日本-REITs	私募 REITs	私募基金
最低投资额	数万日元左右	1 亿日元左右	5 亿日元左右
募集/投资时间	随时	一般固定期限	一般仅组成时
流动性	高	中	低
运用时间	无期限	无期限	5 年左右
价格变动	大	小	小
价格决定	证交所交易价格 （每日公布）	鉴定评估价 （每年 2~4 次）	

资料来源：日本三菱日联信托银行不动产咨询部提供。

表 5 – 7　日本各私募 REITs 概要

名称	野村不动产私人投资法人	日本开放（Open – End）不动产投资法人	三井不动产私人投资法人	日本私人REIT 投资法人	梦想私人（Dream Private）REIT 投资法人	大和证券住宅私人投资法人
设立母体	野村不动产	三菱地所	三井不动产	高盛资产管理（Goldmansachs Asset Management）	三菱商事	大和证券
运营开始时间	2010 年 11 月	2011 年 3 月	2012 年 3 月	2012 年 9 月	2012 年 10 月	2013 年 3 月
投资对象	综合性	办公楼、住宅、商业	办公楼、主住宅、商业、物流	办公楼、商业、住宅	围绕首都圈的商业、物流、住宅、办公楼	东京都地区、首都圈、大都市圈的住宅
预计借款价值比	30% 左右	35% ~45%	40% 左右	不到 50%	40% 左右	40% 左右
预计利益分配率	4% 左右	4% 左右	4% 左右	4% ~5%	4% ~5%	超过 4%
最初资产规模	约 200 亿日元	约 300 亿日元	约 727 亿日元	约 250 亿日元	约 317 亿日元	约 250 亿日元
资产规模（截至 2013 年 7 月）	500 亿日元	1069 亿日元	1433 亿日元	300 亿日元	460 亿日元	251 亿日元

第六章　养老大健康产业
是 REITs 发展的一片蓝海

　　根据全国第七次人口普查数据，我国 60 岁及以上人口达 2.64 亿人，占总人口的 18.7%，较 2000 年进入老龄社会时增长了 8.4 个百分点，与 2010 年第六次全国人口普查相比上升了 5.44 个百分点，这些数据说明我国正在快速迈入"中度老龄化"社会。预计到 2035 年，北京市老年人口将接近 700 万，人口老龄化水平将超过 30%，那个时候我国将进入重度老龄化社会。2021 年 11 月 27 日，《中共中央　国务院关于加强新时代老龄工作的意见》发布，要求走出一条中国特色积极应对人口老龄化道路，因此大健康基础设施建设成为必须要考虑的重点之一。为了解决健康养老问题，我国政府已经陆续出台了一系列的文件、政策，鼓励民间资本参与养老产业建设，REITs 就是一项可以考虑的金融产品。

　　预计到 2022 年，我国养老产业市场规模将超过 10 万亿元，尤其是养老社区建设，但现在国内养老产业仍处于早期阶段，在探索过程中需要借鉴一些海外的成熟经验。美国著名报道记者查克·苏多在 2021 年 6 月的一篇报道中，罗列了 2021 年美国 150 家最大的老年人生活服务商名单，这份名单在业内极具权威性，这些数据反映了截至 2020 年 12 月 31 日各服务商的组织规模。在入选的 150 家企业中，Brookdale Senior Living 高居榜首。Brookdale 发展至今，其规模和行业地位在美国已经遥遥领先，在一定程度上也大大促进了美国养老行业的发展，社区的功能设施配套建设和综合服务配套在外界评价中处于整个养老行业的领先位置。截至 2020 年末，Brookdale 经营范围覆盖了美国 43 个州，运营社区 726 个，总收入达到 35.40 亿美元，养老产业及服务成为美国经济发展的一片蓝海。

　　Brookdale 成立于 1978 年，总部位于美国田纳西州布伦特伍德。成立之初，Brookdale 在芝加哥、纽约和迈阿密等城市开发了大型高档城市退休社区。早期，Brookdale 的社区复制了一些现代五星级酒店的标准，如凯悦酒店、万豪酒店和希尔顿酒店，这些不动产很多都是利用了 REITs 进行投资建设。2005 年，Brookdale 已经发展到拥有大约 90 处独立的物业，这些也都与 REITs 不可分割。2006 年 7 月，Brookdale 与美国退休公司（ARC Therapy）合并，ARC 经营着大约 130 处房产和老年大健康中心，这些又都和 REITs 密切相关。

Brookdale 在美国 47 个州拥有 1100 多个养老社区，覆盖百分之八十的人口，有接近 8 万员工，服务对象超过 10 万人。Brookdale 的养老产业涉及多个行业，包括房地产、医疗健康、生物制药、智能科技、通信等行业，全都与 REITs 有关。目前，我们国内的养老产业也需要打开发展视野，提高自身的跨行业水平。相信随着我国消费潜力、老龄人口规模不断扩大，未来很多行业都将会加入养老产业这个市场当中，因此金融创新要首当其冲。美国养老产业公司的经验给我们带来了很多借鉴和启示，未来我国养老产业的多元化发展值得期待。

近几年，我国养老社区发展迅猛，在探索中快速推进，已有泰康、新华、太保、国寿、平安等保险公司开展养老社区项目建设，投资金额逾数百亿元人民币。虽然我国养老产业规模巨大，但目前该行业还处在高度分散化状态，需要向金融创新、经营规范以及品牌连锁化方向发展，因此 REITs 是一个好的产品。

就 REITs 与大健康产业的联系来说，业内有关专家认为，我国公募 REITs 采用"公募基金＋ABS"结构，涉及项目遴选、设立发行、投资配置、托管运营等复杂流程，难以由一家金融机构独立完成。为此，中国建设银行率先发挥综合化经营优势，利用建设银行基础设施领域不动产投资业务的特点，协同总分行、子公司合力打造"建基立业"综合金融服务品牌，正在逐步摸索出一套全新的 REITs 业务模式，这些行动标志着公募 REITs 正在从试点逐步走向常态化。

但同时也应该看到，长期以来我国基础设施融资手段较为单一，过度依赖债务特别是银行贷款融资，股权融资供给相对不足，客观上推高了地方政府和相关企业杠杆率、加大了债务风险，新增基建投资普遍面临资本金匮乏的瓶颈，也制约了商业银行相关业务的发展。公募 REITs 坚持权益导向，在防范地方债务风险、降低杠杆率的同时，可以盘活存量资产，为新项目建设提供资本金，有利于提升直接融资比重、稳定宏观杠杆率，将扩大内需战略与深化金融供给侧结构性改革有机结合。

从服务客户投资角度看，资管新规出台后，非标资产受限，刚性兑付被打破，市场缺乏现金流稳定、风险收益适中的非标资产替代品。公募 REITs 是国际通行的配置资产，流动性较好、安全性较强、与其他大类资产相关性低，有望成为各类资管机构重要配置品种，更好地满足中低风险偏好客户需求。建设银行在基础设施领域深耕多年、优势明显，参与公募 REITs 业务有利于更好地服务国家战略，体现了国有大行的使命担当。

建设银行认为，公募 REITs 将深刻改变基础设施投融资模式，加快资金正向循环、创造新项目机会，参与公募 REITs 业务，将有效带动存款、贷款、资管、托管等各类业务发展，发掘新的业务增长点。建设银行作为全球资产规模第二大的银行，在客户资源、政府关系、渠道销售、行业研究等方面实力雄厚，旗下拥有基金、理财、信托、养老金、保险资管等各类资管牌照，合计管理资产规模达 6 万亿元人民币（资料来源：建设银行网站）。

在我国经济转轨的过程中，由于制度建设起步较晚，我国养老基金储蓄缺口大、积累少的现况。2014 年笔者身为建信养老金管理公司筹备组副组长，有幸参加了公司的筹备、倍感荣幸。这家养老金管理公司是经国务院批准的、我国大型商业银行发起成立的第一家全国性养老金管理公司。自 2004 年我国开始建立企业年金制度以来，截至 2021 年第三季度末，我国第一支柱基本养老基金和全国社保基金合计约 8.5 万亿元人民币，第二支柱合计约 3.5 万亿元人民币（包括企业年金和刚刚建立不久的职业年金），我国养老金资产占 GDP 的比例仅为 12% 左右，远低于发达国家和全球平均水平。预计到 2025 年，第一、第二支柱养老金资产规模有望分别达到 16 万亿元人民币和 8 万亿元人民币。目前，我国养老金第三支柱还处于探索阶段，未来养老金基金规模增长空间巨大。伴随着老龄人口比例的快速扩大，我国养老大健康产业是 REITs 投资的一片蓝海。

健康是人类永恒的主题，尤其是近两年新冠肺炎疫情对全世界的影响，各国政府都把"人民生命与健康"上升到了前所未有的高度，在疫情防控常态化的背景下，"健康中国"战略更是被赋予了更多时代意义。从金融产品创新视角看，应加强产品设计，抢滩"银发经济"，要强化长期投资规划理念，坚持长期投资长期收益、价值投资创造价值，通过委外等投资模式，丰富投资交易品种，构建覆盖基本养老保险、补充养老金与个人养老金产品的全链条养老保障投资服务体系。"十四五"规划和 2035 年远景目标纲要草案强调把保障人民健康放在优先发展的战略位置，为人民提供全方位全生命期健康服务。2021 年政府工作报告明确提出："全面推进健康中国建设""实施积极应对人口老龄化国家战略"。因为伴随着我国人口老龄化社会形态的加剧，社会康养的需求和市场消费急速膨胀，加上国家层面全力推进"健康中国"战略和"美好生活"建设，康养更已经成为一个全社会讨论的热门话题。我国不仅是个制造大国，还将成为新兴的消费大国，健康消费需求市场非常大。那么什么是康养以及健康需求？其实并没有一个明确且被广泛接受的界定，但大致可从四个角度讨论。即学术界、产业界、行为学和生命学。因此科学认识人口老龄化的现状、风险挑战被列入我国政府的重要工作之中。

2021 年 2 月，十九届中央政治局进行第二十八次集体学习，主题是"完善覆盖全民的社会保障体系"，5 月 31 日召开的中央政治局会议上，习近平总书记专门听取了"十四五"时期积极应对人口老龄化重大政策举措汇报。2021 年 9 月 8 日，国民养老保险公司获批筹建，注册资本金 111.5 亿元，注册地为北京，这一系列的举措，都说明我国养老产业工作步伐的加快。自 2021 年以来，习近平总书记赴贵州、青海、西藏、上海、江苏、浙江、广西、北京、河北多地考察调研，一再强调办好养老、医疗、社保等民生实事。按照《国家积极应对人口老龄化中长期规划》，到 2035 年，我国特色养老服务体系将成熟定型，全体老年人都能享有基本养老服务。如今，地方各级政府正在积极制定"十四五"养老托育专项规划或实施方案，建立健全"一老一小"工作机制，具体落实养老托育相关工作。

从学术界角度看，学者普遍将康养解读为"健康 + 养生"，重点关注在生命养护之上，用健康和养生的概念来理解康养的内容。从产业界角度说，倾向于将康养等同于"大健康"，重点将"养"理解成"养老"。认为"康养"是"健康"与"养老"的统称。从行为学角度讲，将康养看作一种行为活动，是维持身心健康状态的集合，康是目的，养是手段。康养行为既可以是一种持续性、系统性的行为，又可以是短暂性、单一性的行为。从生命学角度分析，康养要兼顾生命的三个维度：首先是生命长度，即寿命；其次是生命丰度，即精神层面的丰富度；最后是生命自由度，即国际上用于描述生命质量高低的指标体系。总之，概括地讲，康养产业就是为社会提供康养产品和服务的各相关产业部门组成的业态总和。根据消费群体、市场需求、关联产业、资源差异和地形地貌的不同，它可以衍生出不同的康养产业类型，尤其是中老年康养产业。由于业界始终将健康和养老视为康养产业的主要部分，且现阶段我国社会加速步入老龄化，因此产生的需求就是养老产业。就现阶段该群体实际需求来看，中老年康养不仅包含养老产业，还包含医疗旅游、慢病管理、健康检测、营养膳食、老年文化等相关及周边产业。因此将医疗、气候、生态、康复、休闲等多种元素融入养老产业，发展康复疗养、旅居养老、休闲度假型"候鸟"养老、老年体育、老年教育、老年文化活动等业态，打造集养老居住、养老配套、养老服务为一体的养老度假基地等综合开发项目，为老年人打造集养老居住、医疗护理、休闲度假为主要功能的养老不动产聚集地就显得十分迫切。而且，这个产业还能带动护理、餐饮、医药、老年用品、养老金融、旅游、教育等多产业的共同发展。根据国家发布的《健康中国行动（2019~2030年）》提出的"健全老年健康服务体系，完善居家和社区养老政策，打造老年宜居环境，实现健康老龄化。"从种种政策及发展规划当中，我们不难看出，养老金融服务产品创新就显得尤为重要。

特别是在当今复杂多变的国际形势下，一方面，如何贯彻落实好供给侧结构性改革的方针，拉动内需、促进生产是金融工作者的责任。另一方面，在"健康中国2030"国家战略下，如何真正打造康养产业？养老、养生、医疗、大健康、文旅、农业、度假等诸多产业如何融合发展？如何把握市场机遇？在养老金融及大健康领域，积极开发老龄人力资源，发展"银发经济"，推动养老事业和养老金融产业的协同发展是我国积极对待人口老龄化、创造"长寿红利"的关键之举。我们要在党和国家统一部署下，坚持深化改革，为人类解决老龄化问题贡献中国智慧和中国方案。把改革创新作为实施积极应对人口老龄化国家战略的强大动力，充分激发市场和全社会活力，强化科技支撑，产品创新，不断完善积极应对人口老龄化的体制机制，建立健全与社会主义现代化强国相适应的积极应对人口老龄化制度。坚持世界眼光，加强国际交流，在构建人类命运共同体中携手共进。医养大健康产业包括医养护理、健康教育、健康管理和金融服务等多项社会服务，我们要从实际实效出发，在战略布局上体现精深，在政策措施上体现精准，在管理服务上体现精细，不断满足人民群众全方位、多层次、具体化的养老需求，打造共建共治共享的老龄社会治理共同体。政府、金融机构、家庭、个人要各尽其责，发挥各自特长优势，打牢积极应对人口老龄化国家战略的坚实社会基础。

拉尔夫·L. 布洛克在其《房地产投资信托基金》（修订版）一书中说道："健康护理类 REITs 兴起于 1980 年，且投资收益表现很好。"[①]因为这类 REITs 对经济不敏感，是人口老龄化社会的刚需，大健康产业随着老龄人口的增长需求也在不断地增长，这个领域的 REITs 并不是只靠不动产设施获利，换句话说，还能带动相关的服务。根据 NAREIT 对 1992～2002 年的统计数据，在这十年中，养老大健康类 REITs 投资回报率为 13.38%，1997～2002 年的平均回报率高达 20.47%。2003～2010 年，个别的医养大健康 REITs 当年回报率高达 53.6%。[②] 完全可以说，在能够抵抗经济衰退的不动产物业中，医养大健康类不动产物业将是 REITs 的首选，大健康产业是 REITs 发展的一片蓝海。在很多发达国家，医养大健康类 REITs 总是在不断地寻找财务指标好、管理好、地理位置理想、资产好、运营规范的医疗机构进行并购。以下是医养大健康产业 REITs 的几个成功案例。

医养大健康 REITs 例子 1

名称：HCN，纽交所挂牌交易（www.hereit.com）

企业注册地：托莱多，俄亥俄州

成立时间：1970 年

CEO：George L. Chapman（乔治·查曼）

营收：3.2282 亿美元（2006 年）

[①]　Ralph L. Block：Investing in REITs, Real Estate Investment Trusts（Revised & updated ed.），Bloomberg Press, 2002, USA. p. 99.

[②]　Mark Gordon：*The Complete Guide to Investing in REITs – Real Estate Investment Trusts：How to Earn High Rates of Return Safely*, 2008 Atlantic Publishing Group, Inc., pp. 130 – 143.

市值：33.7 亿美元（2008 年 2 月 23 日）

年化收益：6.38%（2008 年 2 月 23 日）

物业情况：HCN 在美国的 38 个州拥有 630 多个物业，主要为长护院、康复机构、医院及老年社区，自营专业护理机构 234 个，201 家生活辅助机构，117 家医疗中心。

地域分布：88 处物业在南部的佛罗里达州，84 个物业在得克萨斯州，53 个物业在北卡罗来纳州。

发展历史：HCN 属于专门的医养大健康类物业投资，第一只 REITs 建立时间在 1970 年。2006 年斥资 10 亿美元收购了文德罗斯医疗不动产信托。通过并购，实现了企业的目标。一是合并后公司物业类型多样化，降低了风险。二是公司获得了额外的自营收入（非政府补贴收入）。2007 年，HCN 公司投资已超 8 亿美元，主要用于新的项目开发建设，无担保信用额度被提高到 11.5 亿美元。其集团地产物业位于佛罗里达的棕榈滩。

医养大健康 REITs 例子 2

名称：VTR，纽交所挂牌交易（www. ventasreit. com）

企业注册地：路易斯维尔，肯塔基州

成立时间：1999 年

CEO：Debra A. Cafaro（戴布拉·卡法罗）

营收：4.1585 亿美元（2006 年）

市值：57.4 亿美元（2008 年 2 月 23 日）

年化收益：4.77%（2008 年 2 月 23 日）

物业地域分布：VTR 物业资产遍及美国的 43 个州以及加拿大的两个省，共有 500 多个医养大健康物业。截至 2007 年，其物业不动产中有 250 个养老公寓，200 个专业护理机构，40 家医院和综合医疗及康复服务中心。

除综合医疗中心外，大多 VTR 的场所采用了租赁方式，规避了地产税、维护费用等支出，有效控制住了成本。

发展历史：2007 年经营性现金流（FFO）强势增长，达到 10% 增速，为行业中增长最高，2007 年底，VTR 的标准化每股 FFO 连续六年取得两位数增长。2007 年当年投资回报率为 12%，三年累计回报率达到 23.9%，五年累计回报率为 38.6%。① 公司通过管理分布在全美各州的 200 家老年人专业护理机构，确立了行业领先者地位。

医养大健康 REITs 例子 3

名称：HCP，纽交所挂牌交易（www. hepi. com）

企业注册地：长滩，加利福尼亚州 Pro

成立时间：1985 年

CEO：James F. Flaherty（詹姆斯·夫拉哈提）

营收：5. 3489 亿美元（2006 年）

市值：63. 8 亿美元（2008 年 2 月 23 日）

年化收益：6. 20%（2008 年 2 月 23 日）

物业情况及发展史：HCP 在美国 43 个州持有 753 处物业股权，专注于老年公寓、医疗中心、生命科学、医院以及康复护理机构。此外，在墨西哥也有一些不动产。截至 2007 年 9 月末，HCP 拥有的物业资产达 110 亿美元，正在开发中的项目价值 20 亿美元。在 2006 年，公司收购了斯劳不动产公司，斥资 53 亿美元收购了全美第三大医疗 REITs——CNL 养老地产公司。

CNL 养老地产公司 1998 年成立于奥兰多市。目前，公司养老大健康不动产有 250 个物业，比如黎明养老社区、地平线湾区、艾瑞克森养老社区等都是它的不动产物业，这些不动产形成了企业资产多元化的结构，既很好地服务于社会需要，也为企业创造了财富，使公司的业务在健康有序的道路上继续发展。

医养大健康 REITs 例子 4

名称：UHT（通用医养地产信托），纽交所挂牌交易（www. uhrit. com）

企业注册地：普鲁士王，宾夕法尼亚州

成立时间：1986 年

CEO：Alan B . Miller（阿兰·米勒）

营收：0. 3251 亿美元（2006 年）

---

① Mark Gordon：The Complete Guide to Investing in REITs – Real Estate Investment Trusts：How to Earn High Rates of Return Safely, 2008 Atlantic Publishing Group, Inc. , p. 137.

市值：3.9932 亿美元（2008 年 2 月 23 日）

年化收益：6.88%（2008 年 2 月 23 日）

物业情况及地域分布：UHT 在美国 14 个州运营着 45 个投资及在建的养老大健康项目，持有物业包括 35 家医疗服务中心、6 家急诊室、4 家幼儿园和托儿所、1 家康复医院、1 家关爱教育机构以及 1 家诊后服务跟踪机构。公司最大的不动产物业位于得克萨斯州麦卡伦市，这个医疗中心地处市区。较大的不动产物业分布在亚利桑那州、佐治亚州和肯塔基州。

发展历史：公司在 1986 年成立时，创始人阿兰·米勒的起步行业就是医疗大健康不动产行业，除了不动产产业，米勒还有一家医疗服务公司，名字是通用医疗，UHS 不是一只 REITs，它是一家拥有 38000 名员工的大健康护理物业管理公司，2006 年收入为 41.9 亿美元。UHT 一半以上的收入来自医院收入，56% 的净利润来自医院不动产物业投资。

以上例子，足以说明医疗大健康产业的前景是非常乐观的。目前，我国老龄人口以每年 1000 万人的速度增长，2025 年将达到 3 亿人口，相当于美国总人口的数量，巨大的需求摆在我们眼前，所以说发展养老大健康产业是 REITs 在我国发展的一片蓝海。

根据联合国有关机构的统计和预测，2015～2050 年全球每年平均增长 2710 万名老年人，德国、意大利和日本是"现役"的"超高龄"国家，即 20% 以上的人口超过 65 岁。而根据世界卫生组织的预测，2033 年前后中国老年人口将达到 4 亿人，到 2050 年中国将有 35% 的人口超过 60 岁，成为世界上老龄化最严重的国家。在一个国家的人口步入社会老龄化的进程中，法国用了 115 年，美国用了 60 年，德国用了 40 年，日本用了 24 年，而我国只用了 18 年。我国已成为世界上老龄人口数量第一的国家；更是全球老龄化速度增长最快的国家。

满足人民最迫切的生活需要，保障人民群众的根本利益，始终坚持人民利益至上是我们党的首要任务。中国共产党因民而生、为民而兴，自诞生之日起就紧紧依靠人民，不断造福人民。共产党人根植于人民、血脉在人民、力量来自人民，人民的需要就是我们服务的宗旨。一百年来中国共产党人锐意改革和大胆创新的精神从未缺席过。必须要认识到，养老产业与能源产业比较有着本质上的不同，比如石油、煤炭随着开采与消费的加速，会逐渐趋向枯竭，唯有养老产业是持续的经济资源，因此把我国老龄市场发展的需求与资本相结合，REITs 就是一个理想的金融产品。

国务院早在《国务院关于加快发展养老服务业的若干意见》（国发〔2013〕35 号）中就提出了加快发展养老服务业的若干意见，在发展目标中提出了"养老服务产品更加丰富，市场机制不断完善"的思路，提出了六项主要任务和六项具体措施，六项任务是：一是统筹规划发展城市养老服务设施，二是大力发展居家养老服务网络，三是大力加强养老机构建设，四是切实加强农村养老服务，五是繁荣养老服务消费市场，六是积极推进医疗卫生与养老服务相结合。六项具体措施为，一是完善投融资政策，二是完善土地供应政策，三是完善税优政策，四是完善补贴支持政策，五是完善人才培养和就业政策，六是鼓励公益慈善组织支持养老服务。

在《国务院关于促进健康服务业发展的若干意见》（国发〔2013〕40 号）文件中，对养老服务的目标、任务以及政策措施又有了进一步的明确指引，比如"投融资引导政策"等。紧接着，国家十部委在 2014 年 9 月 12 日发布的《关于加快推进健康与养老服务工程建设的通知》（发改投资〔2014〕2091 号）文件中提出两项总体要求：一是要充分认识加快推进与养老服务工程建设的重要意义。随着我国经济社会平稳较快发展，人民生活水平显著提升，健康与养老服务需求加快释放。二是加快推进健康与养老服务工程建设的目标和原则。在工程目标建设方面，提出了健康与养老服务工程重点加强健康服务体系、养老服务体系和体育设施建设，大幅提升养老服务能力，形成规模适度的养老服务体系和体育健身设施服务体系。以上这些都为引进 REITs 创造了机会。截至 2013 年，全国养老服务机构 42475 个，床位仅493.7 万张，[①] 尚无法满足老龄人口快速增长的需要。

参考《中国老龄产业发展报告（2014 年）》的内容，结合截至 2021 年 9 月我国养老金融服务状况，我国的老龄化现象可大致概括为以下十一个方面。

（1）空巢老年人口数量的扩大，已经超过老年人口的半数，2025 年这个数字将突破 75%，造成空巢老年人口现象的日趋严重。现在年龄最大的一波独生子女们，已经四十多岁了，他们的父母，都已经到了该养老的年龄，可

---

① 数据来源：《中国老龄产业发展报告（2014 年）》。

孩子却还没成长到独立生活的程度。从 1980 年到 2016 年，在三十多年的独生子女政策下，我国诞生了 1.76 亿独生子女，2021 年独生子女的数量将达到 2 亿人。

（2）身边无子女老年人人数越来越多，独生子女生活压力大。独生子女长大成人所承受的压力，超出了人们的想象。在天涯论坛，曾有一位 1982 年出生的独生子女的现身说法。他的母亲几年前早已去世，父亲又查出了肺癌晚期。作为父母唯一的孩子，他必须放下工作，甚至冒着被辞退的风险。一个人带着父亲做检查，治疗。与此同时，回家买菜、送饭的重担也只能落在他一个人头上。他的这段话，暴露出了作为独生子女所面临的困境。随着这种现象的发展。到 2050 年，我国临终身边无子女老年人数大概会达到 8000 万人。

（3）失能老人大幅增多。据有关统计，2013 年这个群体人口数是 3750 万人，2050 年将达到 9700 万人。到了人口老龄化峰值的 2053 年，失能老年人口总数将超过 1 亿人。失能老人不能自理，请人照顾的价格在 7000 ~ 10000 元/月，甚至更高。

（4）老年人口医疗需求消费市场庞大且需求多样化。老年人口人均医疗费用是国民平均医疗费用的三倍或三倍以上。2050 年，我国老年人口中的慢性病患者也将增至 3 亿人。慢性病包括"三高"（高血压、高血糖、高血脂）、各种老年妇科病、老年眼病、老年腿病以及各种老年痴呆症等，老年就诊人数将超过 30 亿人次/年。预计 30 年后，我国老年人口医疗费用占 GDP 的比重将超过 5%。

（5）我国老年人口健康状况堪忧。眼下我国城乡老年人口健康水平是国家最为关心的问题之一。为此，2021 年 9 月 1 日国家发展改革委下达 70 亿元中央预算投资于养老产业，支持养老和托育服务体系建设。根据《中国老龄产业发展报告（2014 年）》的分析，在我国城乡老年人口中，健康普遍存在问题的、健康状况一般的和健康状况良好的人口分别占老年人口总数的 27%、56% 和 17%。在平均约 19 年的余寿中，健康余寿只有 9 年，其余 10 年基本上是带病或失能状态。这种情况引起了党和国家的高度重视。

（6）老年人口高龄化日趋严峻，养老服务供需严重不平衡。80 岁以上老年人口在 2013 年为 2300 万人，预计到 2050 年达到 1.08 亿人，峰值的 2054 年为 1.18 亿人。目前，机构养老床位严重短缺，公办养老机构每年床位有限，很多老人登记后三四年才能入住。

（7）我国老年人口分布发生了很大的变化。明显趋势是城市老年人口增长，2050 年农村老年人口将减至全国老年人口的 30% 以下，这是国家经济转型后的必然趋势。我们东北亚工业化邻国的日本、韩国在国民经济转型时期也走过同样的道路。比如韩国在 1953 年 7 月朝鲜战争停战时，农业人口占总人口的 90% 以上，经济转型后的 1997 年农业人口仅为 7%。

（8）我国老年人口性别结构比例逐渐走向失衡。2010 年，男女两性老年人口比例大体均衡，2050 年女性老年人口将比男性老年人口多出 3000 万人。

（9）城乡家庭结构有着很大的区别。我国城市在职职工多为独生子女家庭，而农村一个家庭普遍有三个以上的子女。这种情况造成老年人口供养不均衡现象，独生子女家的老年人口供养需求，当子女不在身边时，只能依靠社会提供服务解决。

（10）我国人口基数大，未来老年人口多。20 世纪 50 年代、60 年代和 70 年代前半段是我国人口出生的高峰期，平均每个家庭有 5 个以上的子女，这批人已经和正在步入老年人口行列，到 2030 年老年人口将突破 4 亿，我国将成为全球最大的老龄房地产市场。

（11）其他老年人口服务项目猛增。预计到 2050 年，我国社区老年人口服务、老年人口餐桌消费服务规模将分别达到 3261 亿元和 2121 亿元。

因此有效应对人口老龄化问题已经上升为国家战略，养老金融服务以及养老金融创新必须与时俱进，银行、保险、基金、证券等金融机构在资本与产业结合方面要行动起来、积极主动探索。笔者建议，养老 REITs 要列入工作议程中。2015 年 11 月，习近平总书记在《中共中央关于制定国民经济和社会发展第十三个五年规划的建议》中提到：我国人口老龄化态势明显，2014 年 60 岁以上人口占总人口的比重已经超过 15%，老年人口比重高于世界平均水平，14 岁以下人口比重低于世界平均水平，劳动年龄人口开始绝对减少，这种趋势还在继续。这些对我国人口均衡发展和人口安全提出了新的挑战。所以，实施积极应对人口老龄化国家战略，是维护国家人口安全和社会和谐稳定、实现第二个百年奋斗目标的重要考量。在我国即将开启的全面建设社会主义现代化国家新征程中，人口老龄化不断加剧是基本国情。这个趋势与实现第二个百年奋斗目标的历程紧紧相随，与当今世界百年未有之大变局紧密相连，关系到我国代际和谐与社会活力，影响国家人口安全和国际竞争力。因此增强风险意识和责任感、使命感、紧迫感，统筹各方资源力量，及时应对、科学应对、综合应对，必须要为实现第二个百年奋斗目标营造有利战略格局，确保中华民族世代永续发展，始终屹立于世界民族之林。我们需要创新，需要金融的不断创新，因为金融是社会经济发展的最有效工具，是现代经济的血液。中国共产党自诞生之日起，就坚持牢牢把握金融事业发展和前进方向，不断探索金融支持革命战争和创立新政权、服务社会主义现代化建设和改革开放的道路，指引我国金融事业实现了一次又一次的跨越发展。在我们迈向第二个百年奋斗目标的进程中，我们面临的人口老龄化问题是最大的挑战之一。要解决好这个问题，既涉及金融管理和创新，还涉及税法等现有法律法规的完善。

按照联合国界定的人口老龄化标准，一个国家的 60 岁以上人口占总人口的 10% 就意味着已经进入了老龄化社会，而 65 岁以上人口占总人口的 7% 则说明这个国家已经进入重度老龄化社会。早在三年前，我国都已达到上述两个标准。根据官方的世界老龄人口统计数据，全球已经进入老龄化社会，发达国家是这样，发展中国家也是这样。全球老龄人口数量预计将从 2000 年的 0.5 亿增长到 2050 年的 2 亿①。欧洲人口年龄中位数将从 2002 年的 37 岁升至 2050 年的 52 岁；2050 年，美国 60 岁以上的人口数量将占总人口的 27%，其中包括 100 万百岁老人②。新兴经济体也会受到人口老龄化的影响。到 2030 年，发展中国家 65 岁以上的人口将是发达国家的两倍③，越健康、越长寿。但由于受到包括出生率下降等因素的影响，传统的依靠子女照顾老人的生活模式必将得到改变。另一方面，在世纪老人中，很多人的思考能力并没有明显下降，一些 90 岁以上的知识老人们，手机微信照样玩得好，不比年轻人差。但老人们需要提前规划好自己的余生，包括两个方面，一个是老了以后的去处，另一个是筹划好自己老年后的资金供给。REITs 就可以解决以上两项需求，是一个好的工具或金融投资产品。在现代商业市场中，"银发力

---

① 联合国：《人口统计社会调查报告》，http：//unstats.un.org/unsd/demographic/. Accessed 15 Aug 2008.

② 同上。

③ P. Hewitt, Global aging and the rise of the developing world. The Geneva Pap. Risk Insurance, 27 (4)：477－488（2002）.

量"越来越大,有待开发的潜力给了金融创新一个可以展现的机会。因此,包括金融企业在内的服务企业必须关注老年人的多样化需求,从产品服务的角度审视它们对老年人需求的满足程度。

表6-1 2010年与2050年世界人口规模最大的国家①

2010 年		2050 年	
国家	人口（百万）	国家	人口（百万）
中国	1338	印度	1748
印度	1189	中国	1437
美国	310	美国	423
印度尼西亚	235	巴基斯坦	335
巴西	193	尼日利亚	326
巴基斯坦	185	印度尼西亚	309
孟加拉国	164	孟加拉国	222
尼日利亚	158	巴西	215
俄罗斯	142	埃塞俄比亚	174
日本	127	刚果民主共和国	166

其实,我国早在"十二五"规划中,就将养老大健康业纳入未来重点发展的行业,德国高端健康产业公司（Premier Healthcare）等欧美大健康企业都把我国作为未来业务拓展的大市场,一些海外学子学成回国,在我国成立了大健康管理公司。商人们看到,中国将成为全球健康产业最大的市场。

第一,医疗大健康类 REITs 包括的服务范围非常广,其中有老年公寓等生活照料场所、长护机构及设施、急症护理医院、康复中心、老年精神痴呆照顾中心和中心自用办公楼宇设施等不动产。

第二,中国大健康产业正在步入大的发展期,美国经济学家保罗·皮尔泽预言养老产业将成为世界"财富第五波"行业。

第三,在不远的未来,健康产业将翻四番——从3.8万亿元增至16万亿元,健康服务业已被国际经济学界确定为"无限广阔的兆亿产业"。

第四,以前没有健康产业,现在随着人们生活水平的提高以及人口老龄化的发展,健康产业是人人都需要的事业。

既然养老健康产业是未来的大行业、大产业,那就要尽早进行战略发展

---

① 资料来源：2010 年 World Population Data Sheet, P. R. B, USA。

规划。目前，我国有70%的人处于亚健康状态，老龄人口和重度老龄人口都远超联合国制定的标准。未来10年，每一个家庭都会面临如何应对这种挑战。养老大健康产业已经成为新常态下服务产业发展的重要引擎，养老大健康时代已经到来。根据国家统计局的数据，2018年全国60岁以上人口2.49亿，占总人口的18%。另据世界卫生组织预测，到2050年，我国将有35%的人口超过60岁，大概有4亿人，将占亚洲老年人口的五分之二，我国正面临老龄化社会带来的挑战。要落实老有所依、老有所养，我国机构养老建设缺口多大？谁来做这项工作？哪类金融产品较适合？REITs是一个好的模式和产品。中共中央、国务院印发《"健康中国2030"规划纲要》定下明确目标：到2020年，健康服务业总规模超8万亿元，到2030年达16万亿元。包括机构养老在内的康养产业将迎来前所未有的发展契机。据统计，2015年我国健康服务业总规模为3.8万亿元，2020年为8万亿元，2030年将是16万亿元。

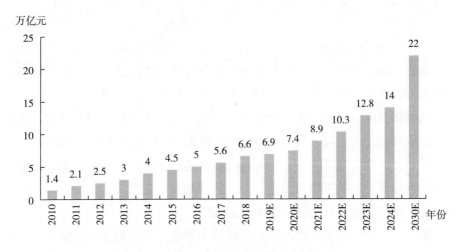

图6-1　2010~2030年我国养老产业规模

前瞻产业研究院的数据显示，从2010年到2018年，我国养老产业的行业规模从1.4万亿元增长到6.6万亿元，增长幅度达371.4%。工业和信息化部副部长罗文预计，到2030年，中国养老产业规模有望达到22万亿元，资产规模相当于一家世界大型商业银行的总资产。[①]

① The banker【英国】：按照资产规模排名，截至2019年末，世界排名第一的中国工商银行一级资本为3375亿美元，世界排名第二的中国建设银行一级资本为2875亿美元。

养老产业是一个特别大的概念，涵盖了第一、第二、第三产业。它包括衣食住行以及医疗、康旅、再学习等很多方面，这里仅谈养老公寓建设融资模式中的 REITs 模式。比如，辽宁沈阳小南街康养地产项目、山东聊城健康科技园项目等都可以采用 REITs 模式。前者总建筑面积为 38122 平方米，规划设计 29 层，367 个房间，使用年限 50 年，属于健康地产项目。后者从规划看，也是典型的健康养老地产项目。但这类项目如果按照传统的融资方式去融通资金，几乎是不可能的，如果不采用新的融资方式，原有的商业银行贷款也将形成不良资产。健康养老地产融资渠道比较如表 6 - 2 所示。①

表 6 - 2　养老地产融资渠道比较

渠道	传统类	资产证券化类	
类别	股权/债权	房地产信托投资基金（REITs）	商业房地产抵押贷款支持证券（CMBS）
特点	- 股权类：股东资金、战投资金、股权投资基金、地产专项基金、产业基金 - 债权类项目融资：银行房地产开发贷款、房地产信托贷款 - 债权类主体信用融资：流动资金贷款、境内公司发债、境外外币发债、短融中票等票据类	- 权益类投资工具 - 持有物业 - 原始权益人出让物业所有权 - 标的资产涉及转让，一般存在回购或置换 - 底层现金流以强制股息或强制分红形式向 SPV 分配	- 债权类投资工具 - 不持有物业 - 原始权益人偿还贷款后保留物业所有权 - 标的资产不涉及转让 - 底层现金流直接偿付借款本息
比较分析	- 可用于新建类项目融资 - 股东投资资金成本相对低，但资金量与资金来源均可能受限 - 银行贷款金额或融资比例受限 - 短期信用类贷款为借款人带来较大短期偿债压力 - 信托贷款、项目开发贷款等专项类资金用途受限 - 银行房地产开发贷款、房地产信托贷款受政策限制	- 实现资产出表 - 盘活存量，加速资金流转速度 - 实现递延资产转让税收、避免物业双重征税等税优 - 结构复杂，涉及税务筹划、资产重组和到期处置 - 资金用途限制相对小	- 成本相对较低 - 对资产质量、发行主体要求高 - 结构相对简单，不涉及循环购买和期间回购 - 盘活存量，加快资金流转速度 - 发行准备时间相对短 - 资金用途限制相对小

① 资料来源：毕马威"新兴类融资工具探讨"，2018 年 4 月。

从养老金融视角看养老金融产品

无论是对于发达国家还是对于经济转型中的快速发展中国家而言，养老金体系是其金融体系的重要组成部分，根据 OECD（经合组织）的统计数据，截至 2018 年，美国、荷兰、新加坡的养老金规模占 GDP 的比重分别达到 79%、168%、78%，可以说，REITs 制度的引入将使各国养老金管理受益。这种受益主要分两个方面：一方面，REITs 相对于债券投资来说，受益高于债券投资的收益率。REITs 与权益类产品投资比较，估值变动风险低。比直接投资于房地产流动性强。综上所述，REITs 风险低、高收益、强制高额分红的特征对于养老金基金投资非常适合。另一方面，在引入 REITs 的国家和地区中，养老金基金是 REITs 投资的重要来源，因此完善的养老金体系有利于促进不动产的健康发展，形成不动产行业投资的闭环。根据 Preqin（普瑞奇）的统计，全球各类养老金对不动产业的投资额占全部机构投资者对不动产行业投资的 90%，其中 50% 以上的养老金参与了 REITs 投资。规模化 REITs 和成功运作的市场化养老金体系有着正向相关关系。

图 6 - 2　2014 年作者与美联储前副主席、
白宫管理和预算办公室前主任爱丽丝·瑞芙琳交流

荷兰位于欧洲西偏北部，与德国、比利时接壤。面积 41528 平方公里，人口 1740 万。荷兰实行免费医疗，拥有完善的健康医疗服务体系，社会福利

图 6 - 3 作者（右二）在荷兰阿姆斯特丹调研老年康复医院
（2019 年 11 月）

非常好。荷兰人从出生到 18 岁，每个季度可以领取未来之星补贴金，一般一个季度 1000 欧元。老人养老金每人每月 3000 欧元，基金中很大一部分投入REITs。荷兰是一个高度发达的资本主义国家，城镇人口占 95%，大部分人口集中在荷兰西部，这个地区是荷兰最发达的地区，人口密度超过 407.5 人/平方千米。阿姆斯特丹是荷兰的首都和最大城市，阿姆斯特丹平均海拔为 2米，是世界上海拔最低的首都之一，全球第一家证券交易所诞生于此。

2018 年 10 月 25 日，国际养老金监督官组织（IOPS）年会在北京成功召开。此次年会主题为"完善养老金体系，应对老龄化挑战"，由中国银行保险监督管理委员会主办。中国银行保险监督管理委员会主席出席会议并发表主旨演讲。国际养老金监督官成员国主管部门官员、中央和国家机关有关单位与社会组织、部分商业银行和保险公司负责人、知名专家学者、媒体代表等 200 余人参加了本次会议。会议期间，与会代表就各国养老保险制度改革、构建多层次的养老保障体系建设、推动养老金市场化运作、助力构筑老龄化社会安全网等内容进行了经验交流和技术探讨。代表们还就推动养老金监管改革以激励产品创新、养老金责任投资、养老金计划的设计及监管等议题，进行深入广泛的沟通交流。

关于养老金与 REITs 之间的关系，笔者认为，REITs 市场建设对于国家的经济发展起着重要作用，一是能够助力国家财政政策的实施，拓宽税基，改善财政。二是 REITs 能吸引民间资本，使海外资金有机会参与国内不动产市场活动，增加不动产市场活力，缓解不动产企业资金压力，降低商业银行房地产贷款过度集中现象，调整固定资产投资在金融体系内积累的大量长期资产占比，从而改善商业银行资产负债表。与此同时，通过资产证券化，促进市场资金向银行回流，降低商业银行潜在不良资产的出现，使整个金融体系健康有序发展。

根据中国社科院研究报告预测，在"大口径"（包括财政补助）下，2019 年全国城镇企业职工基本养老保险基金累计结余为 4.26 万亿元，此后持续增长，到 2027 年达到峰值 6.99 万亿元，然后开始下降，到 2035 年耗尽累计结余。报告显示，2019 年当期结余总额为 1062.9 亿元，短暂地增长到 2022 年，然后从 2023 年便开始下降，到 2028 年当期结余首次出现负数（－1181.3 亿元），最终到 2050 年当期结余坠落到－11.28 万亿元。报告指出，这还是在基于"大口径"（包括财政补助）的情况下测算到的。如果不考虑财政补助，数据会更加悲观：当期结余在 2019 年就已经是负值，而且下降得更快，到 2050 年为－16.73 万亿元。养老金到 2035 年耗尽的结论虽然是一种理论假设，但也是一种预警信号。意味着在现有制度和模式不变的情况下，可能到 2035 年，我国的养老金结余就穿底了。国家统计局 2018 年发布的数据显示，我国 60 岁以上人口有 2.5 亿，占总人口的 17.9%，65 岁以上人口1.67 亿人，占总人口的 11.9%。老龄人口数量进入快速增长阶段，人口抚养比加速增长，这将直接带来对养老保险制度财务可持续性的挑战。[①]

面对挑战，只有以促进竞争和优化结构为目标，坚定不移推动银行业、保险业对外开放，落实好已确定的放开股比限制等措施，鼓励外资银行业、保险业机构参与养老领域的业务，积极引入外资专业养老保险机构。我们将持续深化改革。推进养老金市场供给侧结构性改革，发挥银行业、保险业专业优势，加快商业养老保险发展，着力扩大第二支柱、第三支柱替代率，加大银行业和保险业资金对养老产业的支持力度，促进商业养老保险更有效地

---

① 数据来源：中国社科院世界社保研究中心发布的《中国养老金精算报告（2019～2050）》，2019 年 5 月。

为经济发展提供长期资本。银行业、保险业是中国养老金市场的骨干力量。在公共养老金领域，积极参与市场化实践。在职业养老金领域，成为企业年金市场化运营的主力，其中受托归属保险业和银行业，投资管理面向整个金融市场。目前，已经批准设立了 9 家专业的养老保险机构。2017 年受托管理企业年金资产达到 6246 亿元。在个人养老金领域，积极发展商业养老保险，已为人民群众养老、健康积累了长期储备金近 9 万亿元。开展住房反向抵押养老保险试点，并启动了个人税延型商业养老保险试点。

银保监会主要负责人在会议上发言谈道：一是要将养老金改革与促进经济长期增长结合起来。解决养老金缺口，从长期来看还是要靠促进经济增长。养老金制度是一个国家的基础性制度，养老金制度不合理，会扭曲劳动力市场和社会激励机制，提升企业经营成本，抑制资本形成和积累，降低资源配置效率。必须统筹考虑养老金制度改革和经济内生动力，从根本上解决养老金筹资能力不足问题。二是要将养老金改革与加强养老金监管结合起来。养老金制度改革要充分考虑金融市场发育程度和金融监管水平，使养老金制度符合国情。加强宏观审慎监管，保持经济金融健康。引导养老金投资机构树立长期稳健的投资理念，提高监管的技术水平，促进养老资金的长期增值。三是要将养老金改革与发展养老产业结合起来。在养老金制度改革过程中，要整合医疗、老年看护、养老社区等多方面养老资源，推进养老服务业制度、标准、设施、人才队伍建设，特别是要重视新技术的应用，提升养老产业链供给能力和水平。

在国家财富快速增长的同时，我国人口老龄化现象也凸显出来，60 岁以上老龄人口 2.4 亿人，65 岁以上老龄人口 1.75 亿人，[①] 两项数字均超过联合国（UN）确定的人口老龄化社会标准，即人口老龄化社会和重度人口老龄化社会。坚持以人民为中心的发展思想，让全体人民共享经济发展的成果，是中国政府推动经济社会发展的重要原则和不懈追求。党的十九大报告明确提出了全面建成覆盖全民、城乡统筹、权责清晰、保障适度、可持续的多层次社会保障体系。笔者认为，银行业和保险业作为养老保险市场的主要力量，应主动参与养老保障体系的建设。

---

① 数据来源：2019 年"两会"期间，李克强总理答记者问。

　　毕马威企业咨询（中国）有限公司在近期的养老金报告中指出，作为世界第二大经济体，中国政府已把养老金改革和发展视为最重要的工作之一，但在构建公平合理、激励相容、保障充足的养老金制度体系方面尚需要努力，以迎接人口老龄化社会带来的挑战。如何认识这个问题？在 2018 年 10 月 25 日国际养老金监督官组织（IOPS）年会上，中国监管机构主要负责人发表了主题为"完善养老金体系，应对老龄化挑战"的演讲，提出了将人口压力变为经济转型的契机，持续改革并不断完善现代养老金制度，不但能够保证供给侧结构性改革的顺利实施，培育养老金融产业，促进资本市场发展，为经济增长提供资金支持，而且可以使国民获得可靠的养老保障。养老金制度改革兼顾供需两侧，可以成为服务供给侧改革的重要环节。①

　　笔者认为，随着我国养老金制度的不断完善，养老产业与养老金融不仅能为金融企业带来商机，同时也能为医疗康养、AI 智能及房地产行业带来了参与的机会。一方面，养老产业的发展需要产业平台的保障。近年来，中国老龄协会老年人才信息中心、建信养老金管理公司、国龄智能养老产业投资（北京）股份有限公司、寸草春晖养老服务等机构应运而生。这些机构的出现，旨在解决因老龄人口猛增而产生的多元化社会服务需求。老实说，在我国经济转轨过程中，养老产业起步较晚，无论是制度的顶层设计，还是养老金融概念的提出，都是在国家经济转型 26 年后才进入实质性阶段。

　　另一方面，资金投入与积累成为推动养老产业发展专业化、规模化以及支付保障的重要支撑。分析他国经验，老龄人口比例的快速增长造成了人口结构的变化，使得老年人服务需求走向多元化。换句话说，老龄社会隐含着巨大的经济需求，在养老护理、家庭服务、医疗保障、健身修养、文化娱乐等方面都比较突出，这样就给原有的传统养老模式带来了巨大的压力及挑战。比如亚洲的日本和韩国，在民族工业化期间，政府面临的最大问题也是养老服务问题。日韩政府很快意识到，东亚民族传统的以家庭为单位的"内生"养老方式难以为继，亟须发展社会养老产业来满足日益增长的多层次养老服务需求，因而这两个国家的补充养老金制度很快就建立起来，养老金的投资管理、老龄人口的消费升级、老人社区护理和上门服务等都较早地提到了两

---

① 郭树清主席在 2018 年 10 月 25 日国际养老金监督官组织（IOPS）年会上的发言。

国政府的日常工作中。

　　参考早于我国进入现代化生活模式国家所走过的历程，多支柱养老金制度是满足老年人需求服务的基础，因为这项制度是一个国家的基础性制度，养老金制度不合理，会扭曲劳动力市场和社会激励机制。目前，我国有相当一部分的养老支出由个人或家庭承担，大多来自储蓄账户。而在发达国家，企业年金、商业养老保险制度的完善能覆盖老龄人口的大部分支出需要。因此，我国要继续完善养老金三支柱制度，即基本养老、企业年金和职业年金以及个人自愿的 IRA 账户制度。在养老金基金投资领域，既要加大养老金投资产品的多元化，更需要养老金管理中税收制度的合理化。笔者深信，巨大的市场需求与国家和地方鼓励政策的陆续出台，定会促进我国养老产业的快速发展。

　　从世界一些国家的实践看，养老金制度大多由三个支柱构成。美国的三支柱分别是：（1）政府强制执行的社会保障计划。（2）由政府或雇主出资，带有福利性质的退休金计划。（3）个人自行管理的个人退休账户，也就是业内常说的 IRA 退休账户。IRA 是一种由联邦政府通过税优政策的制定、个人自愿参与的补养计划。瑞典的养老金制度也是由三个支柱组成，分别是：（1）覆盖全民的国家强制性基本养老金，它包含三个层次：最低养老金担保（GP）、名义账户制度和实际积累制。（2）准强制性的职业养老金计划。（3）个人自愿养老储蓄。加拿大的养老金体制是：（1）加拿大养老金计划（CPP）。（2）注册养老金计划（RPP）。（3）个人养老储蓄账户。韩国的养老金三支柱分别是：（1）国民年金制度。（2）企业年金制度。（3）商业养老保险制度，英文为 Private Pension Scheme。需要强调的是，以上四个国家的养老金制度都是建立在立法基础上的。

　　美国在 1935 年实施了《社会保障法》，逐步形成了现在的制度。韩国的制度是在朝鲜战争停战后的第 7 年（1960 年），在国家经济从农业经济转轨到工业经济为主的过程中建立的。随后，韩国在 1972 年制定了《国民养老保险法》。从 1992 年起，国民养老保险强制性制度开始得到完善和加强，实施对象从 10 人以上单位扩大到 5 人（含 5 人）以上单位的职工，基金筹措延续企业、职工个人与国家三者共同负担的方式，特殊行业人员的养老金由国家全额承担。①

　　而我国养老金制度经过近 30 年的发展也在逐渐完善，但从基金覆盖面和基金积累方面分析，第一支柱包括基础养老保险及其储备基金（全国社保基金），基本养老保险覆盖了 8.58 亿人口，占符合参保条件人口的 76%。第二支柱作为补充养老金，包括自 2004 年开始启动的企业年金和当前正在全国开展的职业年金计划，但我国这类计划经过十多年的发展只覆盖了城镇就业人数的 5.7%，② 远不能发挥作为第二支柱在整个养老金体系中的作用。第三支柱是商业养老保险，渗透率低。根据原保监会的统计，中国人均商业养老保险保单不到 0.5 张，而发达国家平均水平在 1.5 张。

　　由此可见，我国的三个支柱发展很不均衡。强制参与的第一支柱起步最早，基金规模保持领先。第二支柱和第三支柱的发展不太理想。以企业年金为例，自 2004 年人社部关于企业年金的两个文件颁布以来，基金积累规模远低于预期，况且政策规定是一项自愿性的制度，本身这就是个问题。自国家允许建立企业年金计划以来，中小企业、民营企业以及外资和合资企业大部分都没有建立企业年金制度的主动性，这是造成我国企业年金覆盖的企业在职职工人数非常有限的原因，企业年金制度并没有取得相应的地位和承担起应有的责任。此外，由于税优政策的滞后，三个支柱体系的发展存在着明显的失衡现象，第一支柱养老金基金积累占了养老金基金 70% 以上的规模，造成了当下我国养老金支出过于依赖第一支柱的现象，基本养老金的缺口越来越大。因此，扩大企业年金的覆盖面、逐步向强制性制度过渡；同时积极推进个人延税型养老保险对改善养老保险现状、满足个人多元化的养老需求以及完善养老保障制度均有重要意义。

　　截至 2018 年底，我国全部养老金基金规模已达 8 万多亿元人民币，而美国的规模是 28 万亿美元，③ 从人口基数看，我国的养老金发展空间巨大。从投资收益看，我国养老金近十年来三个支柱之间的投资收益差异也颇大。究其原因主要有三个：一是基本养老金积累和投资管理期间赶上了经济最佳的年份。但补充养老年金制度建立后，多数年份经济处于增速放缓期。二是管

---

① 杭琛. 韩国养老保险制度及启示［J］. 中国金融，2013（18）.

② 中国社科院统计数据。

③ 数据来源：世界银行。

理制度上有缺陷，长期基金投资用短期期限评价投资业绩，造成了风险和损失。三是有资格的养老金投管机构投资产品单一，产品的研发与管理均不到位。

我国第二支柱的建立，虽加快了我国养老金制度的建设步伐，但从总量上看，我国养老金的规模与世界水平相比仍然偏低。三个支柱的总额只占GDP 的 15% 左右，尤其是其中的第二、第三支柱只占 GDP 的 4%，不及发达国家的平均水平（6%）。目前，由于养老储备基金不足、我国老龄人口增长速度的过快而变得更为严峻，因此，建设新型、覆盖面广且高效的养老金制度的任务非常紧迫。

自 2013 年以来，国家支持养老事业发展的政策、法规相继出台，社会各界都在积极探索建设我国经济转型后的养老金制度新模式。预计随着养老金改革的不断深化，未来十年我国养老金总规模的年化平均增幅将超过 15%，到 2025 年总规模有望达到 45 万亿元人民币，[①] 占 GDP 的 45% 左右。而在具体的三支柱之间，成立较晚、基数较低的第二支柱与第三支柱有望实现远高于第一支柱的增速，而第二支柱和第三支柱更为市场化的发展模式也将有助于它们以更高效的方式运作，这将为包括专业养老金公司、保险公司、金融咨询服务类企业和地产、医疗、康养保健等各个行业在内的参与方带来巨大的商机。

2018 年，我国启动个税递延养老保险工作后，业内人士目光均投向了养老目标基金，如果公募基金也纳入个税递延账户，我国养老基金规模将会呈快速发展态势。在这个时期，我们需要一个专业化和全方位覆盖生命周期的养老金现金流管理、家庭资产负债表咨询管理、基金的动态平衡管理、投资者教育以及主动风险管理等一系列的养老金投资管理环境。国家有关监管机构应积极努力创造环境，具体来说：一是要引导养老金投资机构树立长期稳健的投资理念，提高监管的技术水平，促进养老资金的长期增值。二是要将养老金改革与发展养老产业相结合。在养老金制度改革过程中，还要整合医疗、老年看护、养老社区等多方面养老资源，全方位地推进养老服务业制度、标准、设施和人才队伍建设，特别是要重视新技术的应用，提升养老产业链

---

① 数据来源：中国养老金发展报告 2018。

供给能力和水平。三是要以促进竞争和专业化管理为目标，坚定不移地推动银行业、保险业的对外开放，把已确定的放开股比限制等开放措施落实到位，鼓励外资金融机构参与中国养老领域的服务。

2021年9月10日，中国银保监会官网发布了《中国银保监会办公厅关于开展养老理财产品试点的通知》（以下简称《通知》），自2021年9月15日起，工银理财有限责任公司在武汉市和成都市，建信理财有限责任公司和招银理财有限责任公司在深圳市，光大理财有限责任公司在青岛市开展养老理财产品试点。金融机构参与即将到来的第三支柱布局，关系到我国养老制度建设的完整性。我国现有养老金缺口较大，养老保障体系面临诸多问题和挑战，其中，第二、第三支柱明显薄弱，近年来受到高度关注。截至2019年底，养老金结余总量约11万亿元，但第三支柱养老金余额占比不足0.01%。党的十九届五中全会指出要"发展多层次、多支柱养老保险体系"增强社会保障能力，国家金融监管部门也多次明确要发挥金融优势，大力发展第三支柱养老保障，有效缓解我国养老保险支出压力。市场化金融机构如何参与其中成为关键。预计到2050年，养老第三支柱会有逾百万亿元市场潜力，将会吸引巨量的资本进入。养老产品具有投资期限长、追求稳健收益的特性，业界普遍认为，理财公司参与养老金投资具有先天优势。清华大学五道口金融学院中国保险与养老金研究中心研究总监朱俊生指出，银行养老理财产品发展已近十年，市场规模已逾千亿元。截至2020年底，24家银行系理财子公司获批筹建。理财子公司可依托母行资源，大力发展真正具备养老功能的专业养老产品。银行具有客户资源、账户管理、渠道布局、品牌信誉等优势，将银行业纳入第三支柱养老金体系，不仅有利于满足第三支柱账户持有人不同的风险偏好，实现产品配置的互补，而且有助于加速整合统一账户平台的进程，迅速推广普及第三支柱。在具体业务操作上，信银理财有限责任公司执行董事、总裁认为，相较于其他金融子公司，银行理财子公司兼具公募和私募基金业务机会，在利用固收类产品的传统优势和权益类产品的外部合作基础上，还可以借力母行的渠道和品牌等综合优势。同时，养老理财资金具备规模大、期限长的特点，在权益投资中能够发挥价值投资优势，降低股票换手率和资产价格的波动性，有效提高长期获取稳定收益的概率。此外，对银行理财产品投资者而言，养老理财也具有一定的吸引力。光大理财相关负责人表示，投资带有普惠性的养老金融产品，通过长期的投资策略来穿越周期、熨平波动，使得广大群众能够分享资本市场长期发展的红利，增加居民财产性收入，实现财富的保值增值，让投资者老有所养、老有所依、老有所乐、老有所安，也有助于实现共同富裕。此次《通知》要求，试点理财公司应充分发挥理财业务成熟稳健的资产配置优势，创设符合长期养老需求和生命周期特点的养老理财产品，推动养老理财业务规范发展，积极拓宽居民财产性收入渠道；试点理财公司应当建立试点工作领导机制，明确各项职责，加强制度建设，保证必要资源投入，建立与养老理财相适应的治理架构、管理模式、投研能力和考核体系等；试点理财公司应当严格按照理财业务现有制度和养老理财产品试点要求，规范设计和发行养老理财产品，做好销售管理、信息披露和投资者保护等工作，确保审慎合规展业，守住风险底线；试点理财公司应当结合试点地区情况，稳妥有序开展试点，健全养老理财产品风险管理机制，实施非母行第三方独立托管，引导形成长期稳定资金，探索跨周期投资模式，积极投向符合国家战略和产业政策的领域，更好地支持经济社会长期投融资需求；各理财公司应当规范养老理财产品名称使用，持续清理名不符实的"养老"字样理财产品。银行业理财登记托管中心配合做好养老理财产品信息登记和清理规范相关工作。"试点要求强调了此类产品的养老属性、普惠属性。从产品设计、投资理念等方面强调稳健投资，并内含了长期资金的来源和投向的政策导向。从起购金额、费率优惠、风险保障机制等方面强调产品面向广大个人投资者，体现普惠性。"工银理财指出，养老理财试点的一个重要创新点在于理财公司应针对养老理财产品建立风险管理机制。首批试点兼顾了东中西不同地区的四个城市，希望通过基于不同地区人口结构特点，摸索理财客户金融资产特点和养老需求特点。

早在 2019 年 9 月 16～21 日，"世界养老峰会"及"中加养老论坛"在多伦多成功举办，同时举办了"中国养老市场的机遇与挑战专题研讨会"。本次论坛得到了中国驻多伦多总领馆、加拿大驻华使馆、毕马威以及安大略省政府的大力支持和帮助。

这次研讨会为推动中加双边经贸合作，尤其是养老服务领域的合作起了非常积极的作用。这是继 1993 年 9 月受财政部和人民银行委托、由建设银行牵头在北京举办的中美"中国的世纪、中国的投资机会"养老金论坛

26 年之后，从北京转到北美国家举行的又一次有关中国养老金管理的大型国际研讨会。如果说 26 年前那次论坛使有关方面认识到了中国养老服务市场需求的重要性，那么，今天大家的共识则是在中国建立完善且良性循环的养老机制的迫切性。作为一名从事养老金融的业内人士，两次论坛笔者都有幸参加。

在与安大略省官员的交谈中，我了解到加拿大的养老保险制度是由三个支柱（pillars）组成，第一支柱是普惠制的老年保障计划（the Old Age Security Program，OAS）。这是一种基本保障计划，由联邦政府负责建立计划，属于非缴费型且普惠制的老年保障，经费源自税收。第二支柱是缴费型养老金计划（the Canada Pension Plan，CPP），计划属于强制性参保，联邦政府负责，各省组织实施，覆盖人口年龄在 18 ~ 70 岁。加拿大的第三支柱养老金计划类似于我国自 2004 年人社部两个文件发布后，中央国企建立的企业年金计划以及当前推进的职业年金计划，这种计划是单位与个人按比例缴费。

加拿大的康养产业是一个庞大的产业，有着 110 年的历史，很多地方值得我们学习。加拿大的机构养老模式主要出资方是基金会，运营方是受聘的专业团队，运营专业团队包括医生、护士和其他工作人员。在加拿大，对于老龄人口分两种模式照顾，一种叫长期护理，另一种叫居家养老。

加拿大总人口 3730 万人，安大略省人口 1321 万，是加拿大的一级行政单位。在安大略省，接受长期护理的人数为 3 万人，平均年龄 97 岁。政府为此专门进行了立法（Retirement Homes Act）。加拿大的老人能够得到关怀，一是有效的法律保障。加拿大法律结构自上而下由宪法、行业法规及政府政策组成，通过有效的信息管理，制订计划、具体规定并加以实施。之后，由第三方机构进行评估审计。这样就保证了老年失能群体的利益，起到了社会和谐与安定的作用，避免了一人失能、全家失衡现象。二是基金管理文化根深蒂固，深入人心，比如我们在参观一家老年人医院时，亲眼看到一位病人的捐款就高达 1600 万加元（接近 1 亿元人民币）。在加拿大，病人和医生通过治病，有了长时间的接触和交流，病人自愿为医学研究作出自己的贡献。我们在参观康复中心时，墙上挂满了名画，一幅毕加索的原创非常醒目，名画价格上百万加元。

图 6 - 4　多伦多"二战"老兵康复中心墙上名画之一

（作者拍摄于 2019 年）

在参观加拿大老年痴呆康复中心和慢性病管理临床机构时，一个场景令我长时间驻足，我的内心感到了强烈的震撼，因为就在几年前，我站在已病入膏肓的 90 岁老父亲的床前，曾亲身经历了这样的场景。加拿大这家机构对于一个老年人临终关怀（palliative care）的前置，让我双眼含满了泪珠。

这是一家由犹太人管理的老年痴呆管理机构，病院里居住着 300 多名高龄慢性病患者，其中有近百名加拿大参加过"二战"的老兵，大多是 90 多岁的老人。当我们一行人随着优美的钢琴声来到大厅时，看到钢琴家正在为一位男性老年痴呆病人弹奏曲目。我看见老人坐着轮椅，虽然他反应非常迟钝，但当他听到熟悉的段落时，老人的眼里闪烁出微妙的变化。我判断，这首曲子要么是他少年时的家乡民谣，要么是战争年代加拿大人欢迎凯旋的战士常弹的曲目。从老人呆滞但略露出喜悦的目光中，我相信此时此刻老人的内心得到了充分的满足。

在参观颐康中心时，也给我留下了深刻的印象。这是一家亚洲人创办的老年人养老机构，创办人姓王，原来是名医生。我们在这家机构，发现大部分患者都是亚洲人，我左侧的桌子的十几位老人在玩一种游戏，我看不懂，但听他们说话，知道都是日本老人。这些老人看上去 90 岁上下的年龄，其中有两位老人衣服上用线缝制着 CEMO 字样的英文。我问工作人员，他们告诉我说，这两位老人是一对夫妇。活动时，大家在一起玩，到了晚上，还是安排两位老人住在一起，这是多么人性化的服务啊！这让我想起了国内一家高档养老机构，在这方面就不够人性化。我的一位好友的父亲曾是我国"两弹一星"的重要参与者，毕生献给了祖国的国防事业。可当他老年患有痴呆症时，女儿虽然把老两口安排进了北京的一家高档养老机构，可两位老人白天晚上都不能在一起，她年迈的母亲每天只能在规定的时间段，隔着玻璃看一眼老伴。今年年初我请她吃饭时，她告诉我她父母的情况，我听后内心很不是滋味。

图 6 – 5　加拿大养老机构墙上小鸟图，
体现了一种人类群体生活的文化（作者拍摄于 2019 年）

这只猫咪是用来服务痴呆老年患者的，它不但眼睛会转动，当你用手抚摸它时，猫咪还会叫呢。工作人员告诉我们，很多老年痴呆患者来到这里时，都十分想念家中的猫咪，为此，病院就专门为他们设计了这样生动的宠物。这是多么人性化的服务啊！

回顾中华民族上下五千年的历史，中华民族也是一个敬老爱老的伟大民族。早在我国古代，历代统治者都推行了尊老养老的礼仪制度，比如"以利诸老养怡永年"制度。据《文献通考》记载，我国最早的养老金制度是"养

图 6 – 6 多伦多痴呆老人管理机构里的可爱猫咪

（作者拍摄于 2019 年）

老、五帝宪"制度。在周代，我国建立了"三老五更"制度；唐朝则建立了"九老会"制度；宋朝建立了"五老会""耆老会"制度。当历史的车轮进入新世纪后，中国现任领导人更加重视养老保障制度的建设。习近平主席强调，人民对美好生活的向往，就是我们的奋斗目标。坚持以人民为中心的发展思想，让全体人民共享经济发展的成果，是中国政府推动经济社会发展的重要原则和不懈追求。

笔者认为，在社会主义条件下发展市场经济，养老问题是一个全新的课题，涉及基金的来源与性质以及养老保障的责任主体等。对于今天的中国，我们急需把几代社会主义劳动者进入老年后生活水平之间出现的不公平问题加以解决，其主要途径就是通过社会养老制度的建设来保障人们的晚年生活。从实践层面讲，通过对加拿大的制度体系建设及运用分析，相信对于探索中国特色社会主义市场经济的养老模式定会带来有益的借鉴。

从经营角度分析，未来十年，哪个产业会成为下一个风口？答案可能是养老产业。那么，谁来做中国 2.49 亿老人的生意？未来十年内，养老产业在中国一定会出现更多的创新模式。这次，天颐中服老龄产业服务（北京）有限公司和上海优普生健康管理有限公司就是抱着寻求与加拿大方面合作而来。

157

图6-7 2019年9月,
作者(左二)随中国养老产业代表团访问加拿大

养老服务需求

在面对社会变化及其人口结构变化方面,对于政府和商业机构决策者来说,要充分考虑以下几个方面的因素。包括基础设施建设以及建设模式、对于老龄人口需求变化的不断创新、公共卫生问题和对整个社会产生的影响。

第一,基础设施对老龄化社会新商机的开发非常重要。比如,老龄人口活动比他们在青壮年时期逐渐减少,因而企业在提供居家或附近便利店的服务和产品方面,需要根据老人的需求而不断创新。同时,仅仅借助零售店和停车场并不能满足这些新的需求。企业与消费者和供应链中的合作伙伴需要长期合作并通过互动积累相关知识,做到不断创新、满足社会老龄化的需要。7-Eleven 在日本、韩国随处可见,极大地方便包括老龄人口在内的社会需要。仅在日本,7-Eleven 就有 12750 家,分布于日本各地。几十年来,7-Eleven 的销售额利润稳步且持续增长。成功的原因就是 7-Eleven 做到了因时而变,做到了根据顾客需求变化而变化,使之成为日本最受尊敬的企业之一。另一个日本成功企业是 YTT,它通过不断创新改变了运输在日本的含义。YTT 速递包括小包、包装、旅行箱、高尔夫球袋、棒球棍和滑雪板。本来运输一直是 YTT 针对企业客户的打包服务,经过多年的努力,YTT 成为一个能将任何数量的货物运输到日本任何一个地方的企业。1971～1987 年，担任大和运输董事长的小仓正雄，对公司的发展战略予以了重新定位和思考，他认为，如果大和运输专注于一种服务，对公司和客户会更好，在这种思想指导下，他创建了 YTT，为企业发展注入了活力、带来了盈利，在日本获得了极大的成功。

第二，7 - Eleven 遍布世界的销售网络和 YTT 的货运系统是工业化国家的两个成功典范，它们表明了一个商业模式是如何处理"不牺牲规模与追求本土化的定制化"这一矛盾的。不断探索顾客日益变化的需求，有助于企业为客户提供更大价值的服务。只有确保成交量足够大，这两家公司才能获得规模经济带来的经济效益，有效地处理了规模与多样性之间的矛盾。

第三，7 - Eleven、YTT 的实践表明追求创新是企业发展的战略核心定位，其业务不断得到扩张的观念和业务展示出的强劲增长趋势。借助二者互补的服务和硬件平台，隐性知识和洞察力促进了企业发展商业模式的革新。

第四，有时政府对社会问题的干涉是有局限性的，它通常没有以市场为基础的解决方案有效，比如 REITs 机制的建立。REITs 可以帮助政府和企业更灵活地解决社会问题。

养老大健康产业基金

养老大健康产业基金指以大健康产业项目为标的的投资，一般为股权投资。项目主要有两大类，即房地产不动产类和产业链类。前者包括房地产开发、上市或自持经营类，康养综合体建筑及物业管理以及日后的 REITs 经营性融资。后者包含与健康养老不动产相关的上下游产业。养老大健康产业基金的搭建分母基金（FOF）平台、专项基金、子基金等，日后退出方式是通过上市（IPO）操作，比如通过公募、出售股权及回购。其基金结构以及投资路径如图 6 - 8 所示。

项目的三种退出模式为对项目进行清算后退出、以股权回购方式退出和通过资产证券化退出。顾名思义，清算退出就是指大健康产业基金投入项目后，在项目公司完成该工程后，对工程清算返还基金投资应获得的权益收益。股权回购方式退出指大健康产业基金投资项目完成后，由开发商或运营方进

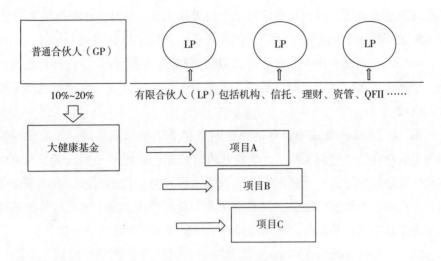

图6-8 养老产业基金结构及投资路径

行股权回购，如有其他人有兴趣，也可参与回购。而资产证券化退出指产业基金投入项目后，具备运营条件交工后将项目公司资产注入上市公司、发行信托证券化产品或在境外发行REITs，完成退出。

在国外，由于REITs业态较成熟，对于养老大健康不动产物业采用RE-ITs退出的情况较普遍，这种方式相对于经营性物业银行贷款、商业地产抵押贷款支持证券方式有三个优势。一是REITs帮助原有不动产持有人盘活了存量资产、快速回笼了资金，对原物业持有人有融资或"回血"功效，起到了盘活不动产的作用，提高了原持有人的资产和资金运营效率。二是有了新的血液流入企业，因而降低了负债率，财务报表得到改善。比如降低了杠杆率、增加了现金流等。三是帮助原持有人实现轻重资产分离，使重资产模式管理向轻资产运营管理模式转变，比如由大健康服务中心的拥有者转变为运营者，用轻资产撬动重资产运营而获取收益。

发达国家房地产的发展及各类REITs的有效实践告诉人们，房地产是多种资产投资组合中的重要组成部分，其他投资还包括股票、债券等。在美国，管理养老金基金的机构，在持有多种投资组合中，养老金基金扮演着重要角色，许多这样的机构都积蓄有价值达百亿美元的房地产投资组合，并且知道如何管理这些投资组合的投资回报和风险。由于投资组合的投资方式是多样化的，因此它们也必须了解如何在经常发生风险和利润之间交替换位，因为美国的养老金基金积累已经超过了 30 万亿美元，大于美国的商业银行资产组合。

我国自 2004 年开始建立企业年金制度以来，在 2016 年随之又建立起职业年金制度，目前养老金资产已接近 10 万亿元，养老金基金投资必须要做到专业化的管理，才能使基金保值增值，促进我国资本市场的健康有序发展。发展中，相关的税收政策对管理者和从业人士提出了新的要求。通常，衡量房地产投资收益参考数据是在普通股股票、公司债券以及政府债券之间进行比较，而 REITs 股份所代表的是证券价格。在美国，一种数据来源的基础是房地产支持的证券，另一种的基础是对个人（退休金计划发起人）房地产的评估。美国国家房地产投资信托协会（NAREIT）房地产投资信托股份价格指数是一个月度指标，它制定的基础房地产投资信托投资者所拥有股份的市场销售价格这个系列的数据从 1972 年 1 月至今都有记载，其中包括纽交所与美国股票交易市场以及纳斯达克国家市场系统中现行交易的所有房地产投资信托。[①] 1985 ~ 2000 年，标准普尔 500 种股票（S&P 500）每个季度的回报率为 3.98%，REITs 的回报率是 2.58%，公司债的回报率是 2.24%，短期国债回报率是 1.40%。[②] 以上统计表明，相对来说，REITs 投资回报稳健，高于其他投资产品（不含 S&P 500）。随着美国对管理养老金基金的一些法律性限制的逐渐放开，使房地产成为养老金基金可以进行投资的品种。以前许多只考虑政府债券、公司债券以及普通股票的投资管理机构对房地产投资予以了倾斜。

关于管理养老金基金的一些法律性限制的逐渐放开有很多例子可以用来说明这种现象。比如 20 世纪 90 年代，REITs 的发展趋向了证券化。同传统的投资方法相比，房地产担保的证券具有可售特征，强调管理层对公众的责任感是另一个重要特征。这时，REITs 为普通股股票投资者提供了类似于共同基金的结构，使得投资者可参与到房地产投资组合中。这些房地产投资组合在地理位置上具有多样性，且是由专业人士进行管理。除此之外，REITs 在美国是免税的，而且必须把管理投资组合产生的大多数现金作为股利分配给投资者。折旧和分期偿付的会计计算及由此对净收入产生的结果，允许

---

① 资料来源：华盛顿特区国家房地产投资信托协会会刊。
② 数据来源：韩国 KDI 图书馆资料。

REITs 股利的一部分税款推迟缴纳，这些举措使得 REITs 的市场价值猛增，而且美国的许多房地产开发商都是以 REITs 形式经营企业，因而可以很容易地从投资银行及其他非银行金融投资机构对单个 REITs 和全部房地产信托行业进行可靠的数据分析。

我国对养老大健康基础设施建设以及大健康产业投资高度重视，国务院《关于加快发展养老服务业的若干意见》（国发〔2013〕35 号）文件制定了明确的发展目标，要求到 2020 年全面建成以居家为基础、社区为依托、机构为支撑的、功能完善、规模适度、覆盖城乡的养老服务体系。"其主要任务一是统筹规划发展城市养老服务设施，二是大力发展居家养老服务网络，三是大力加强养老机构建设，四是切实加强农村养老服务，五是繁荣养老服务消费市场，六是积极推进医疗卫生与养老服务相结合。在政策措施方面，也提出了六点要求：一是完善投融资政策，二是完善土地供应政策，三是完善税费优惠政策，四是完善补贴支持政策，五是完善人才培养和就业政策，六是鼓励公益慈善组织支持养老服务。

从以上政策的出台可以看出，无论是投融资政策还是要求对税优政策的补充，都能助推 REITs 在我国的发展。随后，国务院《关于促进健康服务业发展的若干意见》（国发〔2013〕40 号）文件预计我国健康服务业总规模可达到 8 万亿元人民币以上。这虽然是一个保守的估计，但养老大健康产业必将成为推动我国经济社会持续发展的重要力量。在 2017 年 10 月召开的中国共产党第十九届代表大会报告中，进一步强调了构建养老、孝老、敬老的政策体系和社会环境，要求加快老龄事业和产业的发展。其实，早在 2006 年国务院在转发十部委《关于加快发展养老服务业的意见》（国办发〔2006〕6 号）中就已经明确将养老服务业确定为一个产业，鼓励社会资金、多种方式参与这项产业。由此看出，这是我国经济与社会发展转型过程中的一项刚需。近年来，一批国际养老公寓在全国各地兴建，比如曜阳老年公寓以及相关配套设施建设就先后在北京、扬州、福州、五指山等地出现。据悉，建设资金主要来源于社会捐赠。就老年服务基础设施建设而言，REITs 应该是理想的选择。因为养老设施的融资、设计规划以及建设必将是应对人口老龄化的措施和手段。美国、英国、日本、瑞典、新加坡这类基础服务设施的建设，既解决了老龄人口对医养和健康服务的需求，也较好地解决了由于出生率降低而带来的"空巢"家庭这类社会问题。从世界各国人口发展结构看，在亚洲和世界发达国家，养老方式正在逐渐由家庭走向社会。

最后，需要强调一点，在金融制度较完善的市场，养老金管理已经形成了一个完善的机制，因为养老基金是全球资产管理市场最重要的资金来源，美国的养老基金超过商业银行的总资产。根据有关统计数据，2020 年末全球养老金资产规模达 56.5 万亿美元，占全球 GDP 的 64%。已披露养老金管理规模的全球排名前 500 的资产管理机构中，养老金业务占比平均达到 48%。国外建立养老金计划的单位既有私营部门，也有公共部门。企业年金由企业工会、人力资源部门负责建立。公务员、教师、警察等也有自己的养老金，我们国内叫职业年金。美国年金计划资金来源由受雇方、雇佣方、个人账户（IRA）、401K 计划、Keogh 等计划。养老金投资管理机构包括寿险公司、商业银行、投资公司、公募/私募基金公司。养老基金的投向有政府债券、股票、MBS、REITs 等。

综上所述，我国需要建立 REITs 制度。

附件 1

深圳证券交易所公开募集
基础设施证券投资基金业务审核指引（试行）
（征求意见稿）

（2020 年 9 月 4 日）

第一章　总　则

第一条　为规范公开募集基础设施证券投资基金（以下简称基础设施基金）上市和基础设施资产支持证券挂牌条件确认业务，保护投资者合法权益，根据《证券法》《证券投资基金法》《公开募集基础设施证券投资基金指引（试行）》（以下简称《基础设施基金指引》）、《证券公司及基金管理公司子公司资产证券化业务管理规定》（以下简称《资产证券化业务管理规定》）、《深圳证券交易所公开募集基础设施证券投资基金业务办法（试行）》（以下简称《基础设施基金业务办法》）等有关法律、行政法规、部门规章、规范性文件以及深圳证券交易所（以下简称本所）相关业务规则，制定本指引。

第二条　本指引所称的基础设施基金、基础设施资产支持证券是指符合《基础设施基金指引》规定的基金产品及资产支持证券。

第三条　基金管理人向本所申请基础设施基金上市确认、资产支持证券管理人向本所申请基础设施资产支持证券挂牌条件确认，适用本指引。

第四条　本所对基础设施基金上市和基础设施资产支持证券挂牌条件进行确认，不表明本所对基础设施基金的投资风险或者收益等作出判断或者保证。投资者应当自主判断基础设施基金投资价值，自主做出投资决策，自行承担投资风险。

164

第二章　申请条件

第一节　业务参与机构

第五条　拟任基金管理人应当符合《证券投资基金法》《公开募集证券投资基金运作管理办法》和《基础设施基金指引》规定的相关条件。

第六条　拟任基金托管人应当符合《证券投资基金法》《公开募集证券投资基金运作管理办法》和《基础设施基金指引》规定的相关条件，且与基础设施资产支持证券托管人为同一人。

第七条　拟任资产支持证券管理人应当符合《资产证券化业务管理规定》规定的相关条件，且与拟任基金管理人存在实际控制关系或受同一控制人控制。

第八条　原始权益人应当满足下列要求：

（一）依法设立且合法存续；

（二）享有基础设施项目完全所有权或者经营权利，不存在重大经济或法律纠纷；

（三）信用稳健，内部控制制度健全，具有持续经营能力；

（四）财务状况良好，现金流量正常，资产负债结构合理；

（五）最近 3 年（未满 3 年的自成立之日起，下同）在投资建设、生产运营、金融监管、工商、税务等方面不存在重大违法违规记录，不存在因严重违法失信行为被有权部门认定为失信被执行人、失信生产经营单位或者其他失信单位并被暂停或者限制进行融资的情形；

（六）中国证监会和本所规定的其他要求。

第九条　委托外部管理机构运营管理基础设施项目的，外部管理机构应当符合《基础设施基金指引》规定的相关条件，并满足下列要求：

（一）具有持续经营能力；

（二）最近 3 年在投资建设、生产运营、金融监管、工商、税务等方面不存在重大违法违规记录；

（三）中国证监会和本所规定的其他要求。

第十条　基金管理人、资产支持证券管理人聘请的财务顾问、会计师事务所、律师事务所、评估机构等专业机构应当符合《基础设施基金指引》规定的相关条件。

资产支持证券管理人可以与基金管理人聘请相同的专业机构。

第十一条 原始权益人通过转让基础设施项目取得的回收资金使用应符合国家产业政策。

第十二条 基金管理人、资产支持证券管理人应当核查并披露业务参与机构之间的关联关系、潜在的利益冲突，并设置相应的风险防控措施，相关措施应当合理和充分。

第二节　基础设施项目

第十三条 基础设施项目应当符合以下条件：

（一）权属清晰，资产范围明确，并依照规定完成了相应的权属登记；

（二）不存在法定或约定的限制转让或限制抵押、质押的情形，且转让已获得有效的审批手续（如适用）；

（三）不存在抵押、质押等权利限制，但在基础设施基金成立后使用募集资金直接偿还，能够解除相关限制的除外；

（四）基础设施资产已通过竣工验收，工程建设质量及安全标准符合相关要求，已按规定履行规划、用地、环评等审批、核准、备案、登记以及其他依据相关法律法规应当办理的手续；

（五）基础设施资产的土地实际用途应当与其规划用途及其权证所载用途相符。如不一致，基金管理人和资产支持证券管理人聘请的律师应说明其实际用途的法律、法规及政策依据，基金管理人和资产支持证券管理人应当在相关文件中充分揭示风险，并设置相应的风险缓释措施；

（六）基础设施资产涉及经营资质的，相关经营许可或者其他经营资质应当合法、有效。相关经营资质在基础设施基金和基础设施资产支持证券存续期内存在展期安排的，应当按照相关规定或主管部门要求办理展期手续，基金管理人和资产支持证券管理人应当在相关文件中披露具体安排；

（七）中国证监会和本所规定的其他条件。

第十四条 基础设施项目公司除应当满足第十三条规定的条件外，还应当符合以下条件：

（一）依法设立并合法存续；

（二）财务会计制度和财务管理制度规范；

（三）合法持有基础设施项目相关资产；

166

（四）中国证监会和本所规定的其他条件。

第十五条 基础设施项目采用 PPP 模式的，除满足本指引第十三条、第十四条的规定外，还应当符合以下条件：

（一）2015 年以后批复实施的 PPP 项目，应符合国家关于规范有序推广 PPP 模式的规定；

（二）2015 年 6 月以后批复实施的特许经营项目，应符合《基础设施和公用事业特许经营管理办法》有关规定。此前采用 BOT、TOT、股权投资等模式实施的特许经营项目，应符合当时国家关于固定资产投资建设、特许经营管理等相关规定；

（三）收入来源以使用者付费（包括按照穿透原则实质为使用者支付的费用）为主。收入来源含地方政府补贴的，需在依法依规签订的 PPP 合同或特许经营协议中有明确约定；

（四）PPP 项目运营稳健、正常，未出现暂停运营等重大问题或重大合同纠纷；

（五）中国证监会和本所规定的其他条件。

第十六条 基础设施项目现金流应当符合以下条件：

（一）基于真实、合法的经营活动产生，价格或收费标准符合相关规定；

（二）符合市场化原则，不依赖第三方补贴等非经常性收入；

（三）持续、稳定，近 3 年未出现异常波动；

（四）来源合理分散，直接或穿透后来源于多个现金流提供方。因商业模式或者经营业态等原因，现金流提供方较少的，重要现金流提供方应当资质优良，财务情况稳健；

（五）近 3 年内总体保持盈利或经营性净现金流为正；

（六）中国证监会和本所规定的其他条件。

第十七条 基础设施项目运营情况应当符合以下条件：

（一）具备成熟稳定的运营模式，运营收入有较好增长潜力；

（二）运营时间原则上不低于 3 年，投资回报良好；

（三）若为产业园、仓储物流、数据中心等依托租赁收入的基础设施项目，近 3 年总体出租率较高，租金收入较高，租金收缴情况良好，主要承租人资信状况良好、租约稳定，承租人行业分布合理；

（四）如为收费公路、污水处理等依托收费收入的基础设施项目，近 3 年运营收入较高或保持增长，使用者需求充足稳定，区域竞争优势显著，运营水平处于行业前列；

（五）中国证监会和本所规定的其他条件。

第十八条 基金管理人、资产支持证券管理人应当核查并披露基础设施项目最近3年及一期的关联交易情况，前述关联交易应当符合以下要求：

（一）符合相关法律法规的规定和公司内部管理控制要求；

（二）定价公允，定价依据充分，与市场交易价格或独立第三方价格不存在较大差异；

（三）基础设施项目现金流来源于关联方的比例合理，不影响基础设施项目的市场化运营。

基础设施项目存在关联交易情形的，基金管理人、资产支持证券管理人应当分析关联交易的合理性、必要性及潜在风险，并设置相应的风险防控措施，相关措施应当合理和充分。

第三节 评估与现金流

第十九条 基础设施项目评估机构应当符合《基础设施基金指引》规定的条件，原则上以收益法作为基础设施项目评估的主要估价方法，并在评估报告及其附属文件中披露评估过程和影响评估的重要参数，包括但不限于土地使用权或经营权剩余期限、运营收入、运营成本、运营净收益、资本性支出、未来现金流预期、折现率等。

基金管理人和资产支持证券管理人应当在相关文件中披露基础设施项目的评估情况、符合《基础设施基金指引》等规定的基础设施项目定期评估和不定期评估安排。

第二十条 基金管理人和资产支持证券管理人应当在相关文件中披露基础设施项目最近3年及一期的财务报告及审计报告，说明现金流构成、集中度、波动情况等，并分析现金流的独立性、稳定性。

现金流来源集中度较高的，基金管理人和资产支持证券管理人应当进行风险提示，并披露重要现金流提供方的经营情况、财务状况和持续经营能力分析。

历史现金流波动较大的，基金管理人和资产支持证券管理人应当分析波动原因和合理性，充分揭示风险，并设置相应的风险缓释措施。

第二十一条 基金管理人和资产支持证券管理人应当提供经会计师事务所审

阅的可供分配金额测算报告，并在相关文件中披露。

可供分配金额测算应当遵循合理、谨慎的原则，并充分考虑宏观及区域经济发展、项目业态及用途、运营情况及未来调整安排、基础设施基金存续期内的重大资本性支出、税费安排、周边生态环境及竞争环境发展等因素的影响。

第二十二条 专项计划的基础资产现金流归集路径应当清晰明确，基金管理人和资产支持证券管理人应当在相关文件中明确账户设置及现金流自产生至当期分配给基础设施基金期间在各账户间的划转安排等。

基础设施项目租赁、运营等产生的现金流未由基础设施项目公司直接收取的，基金管理人和资产支持证券管理人应当合理设置基础设施项目现金流回款自产生至归集进入基础设施项目公司收款账户的周期，明确定期核查现金流归集和划转情况的安排，避免现金流混同、被挪用。

第四节　交易结构

第二十三条 专项计划的基础资产应当符合以下条件：

（一）界定清晰，具有明确的法律法规依据；

（二）合法合规，涉及债权的，债权应当真实有效，符合法律法规规定。律师应当对债权的真实性、合法性及有效性进行核查，并发表明确意见；

（三）权属清晰，系从第三方受让所得的，原始权益人应当已经支付转让对价，且转让对价公允，涉及的登记、批准、备案或其他手续（如需）应当已完成。律师应当就前述转让的公允性、合法性和有效性发表明确意见；

（四）不存在抵押、质押等权利限制，但在专项计划成立后使用募集资金偿还，能够解除相关限制的除外；

（五）不存在法定或约定的限制转让或限制抵押、质押的情形；

（六）中国证监会和本所规定的其他条件。

第二十四条 专项计划基础资产的转让应当符合以下条件：

（一）转让应当合法、有效，存在附属权益的，应当一并转让；

（二）法律法规规定基础资产转让应当办理批准、登记手续的，应当依法办理，法律法规没有要求办理登记或者暂时不具备办理登记条件的，应当采取有效措施，维护基础资产安全；

（三）基础资产涉及债权的，应当按照有关法律规定将债权转让事项通知债务人；

（四）结合基础设施基金询价、定价情况合理确定基础资产转让对价，确保转让对价公允；

（五）中国证监会和本所规定的其他条件。

第二十五条 基础设施项目存在对外借款情形的，应当符合《基础设施基金指引》的相关要求。基金管理人、资产支持证券管理人应当核查并披露借款类型、金额、用途、增信方式、涉及的抵质押等权利限制情况，明确偿还安排及风险应对措施等。

第二十六条 资产支持证券管理人应当结合基础设施基金的期限设置，合理安排基础设施资产支持证券期限，可以通过续期机制、持有人大会决议等方式延长期限，并在相关文件中明确并披露提前到期的触发条件及相关后续安排。

第二十七条 基金管理人应当按照《基础设施基金指引》等的规定在基金合同中明确基金合同终止的情形。基金合同终止或基金清算涉及基础设施项目处置的，基金管理人和资产支持证券管理人应当在相关文件中明确并披露基础设施项目处置的触发情形、决策程序、处置方式和流程以及相关信息披露安排等。

第二十八条 基础设施项目涉及灭失风险、运营收入波动风险、不动产价格波动风险、关联交易和利益冲突风险、利益输送和内部人控制风险等重要风险的，基金管理人和资产支持证券管理人应当充分揭示风险，设置相应风险缓释措施，保障投资者权益。

第五节　运作管理安排

第二十九条 基金管理人应当在相关文件中明确并披露其按照《基金法》《公开募集证券投资基金运作管理办法》《基础设施基金指引》《基础设施基金业务办法》等有关规定主动履行基础设施项目运营管理职责的相关安排和机制。

第三十条 资产支持证券管理人应当在相关文件中明确并披露其按照《资产证券化业务管理规定》《基础设施基金指引》《基础设施基金业务办法》以及本指引等有关规定履行基础设施项目运营管理职责的有关安排和机制。

第三十一条 基金管理人与资产支持证券管理人就基础设施项目运营、现金流归集、文件账户管理、评估审计、风险防范、资产处置等事项与基金管理人建立联合工作机制的，应当在相关文件中披露联合工作机制的具体安排及相关责任承担方式。

第三十二条 基金管理人委托外部管理机构运营管理基础设施项目的，应当符合《基础设施基金指引》《基础设施基金业务办法》等有关规定，明确并披露外部管理机构的解聘、更换条件和流程、履职情况评估、激励机制等安排。

存在外部管理机构同时向基金管理人以外的其他机构提供同类基础设施项目运营管理服务情形或可能的，基金管理人应当进行核查，说明其合理性、必要性以及避免同业竞争及可能出现的利益冲突的措施，该等措施应当合理和充分。

第三十三条　基金管理人应当在相关文件中明确并披露基金份额持有人会议规则，基础设施基金份额持有人通过基金份额持有人会议行使权利的范围、程序，基金份额持有人会议的召集、通知、决策机制、会议记录及信息披露等重要事项。基础设施基金份额持有人会议规则应当符合《基础设施基金指引》的有关要求。

第三十四条　资产支持证券管理人应当在相关文件中明确并披露基础设施资产支持证券持有人会议规则。基础设施基金存续期间，基础设施资产支持证券持有人会议召开的程序、通知等可以适当简化，但不得违反法律、行政法规的强制性规定。

第三章　附　　则

第三十五条　基金管理人、资产支持证券管理人、托管人、外部管理机构等业务参与机构未履行勤勉尽责义务，违反本指引的，本所按照《基础设施基金业务办法》等相关规定对其采取自律监管措施或者纪律处分。

第三十六条　基础设施基金存续期间拟购入基础设施项目的，基金管理人和资产支持证券管理人向本所提交的基金产品变更申请和基础设施资产支持证券相关申请业务参照适用本指引。

第三十七条　本指引相关用语的含义如下：

（一）基础设施项目是指项目公司、基础设施资产的合称。

（二）项目公司是指直接拥有基础设施资产合法、完整产权的法人实体。

（三）重要现金流提供方，是指在尽职调查基准日前的一个完整自然年度中，基础设施资产的单一现金流提供方及其关联方合计提供的现金流超过基础设施资产同一时期现金流总额的5%，且在该类主体中排名前十的现金流提供方。

第三十八条　本指引由本所负责解释。

第三十九条　本指引自发布之日起施行。

关于《深圳证券交易所公开募集基础设施证券投资基金业务审核指引（试行）（征求意见稿）》的起草说明

为明确公开募集基础设施证券投资基金（以下简称基础设施基金）审核业务有关要求，保障基础设施基金试点平稳有序开展，深圳证券交易所（以下简称本所）起草了《深圳证券交易所公开募集基础设施证券投资基金业务审核指引（试行）（征求意见稿）》（以下简称《审核指引》），拟发布实施。

一、起草背景

为落实《公开募集基础设施证券投资基金指引（试行）》（中国证券监督管理委员会公告〔2020〕54号，以下简称《基础设施基金指引》）"比照公开发行证券要求建立基础设施资产支持证券挂牌及基金上市审查制度"的有关要求，明确基础设施资产支持证券和基础设施基金的申请条件，提高审核业务透明度，保护投资者合法权益，结合本所有关业务实际，制定《审核指引》。

二、主要内容

《审核指引》共3章39条，主要对业务参与机构、基础设施项目、评估与现金流、交易结构和运作管理安排等进行规范。主要内容为：

（一）明确业务参与机构准入要求

一是原始权益人准入要求。《审核指引》落实《基础设施基金指引》和国家发展改革委试点项目推荐标准，明确原始权益人的准入要求。

二是其他业务参与机构准入要求。证监会《基础设施基金指引》从明晰责任主体，压实基金管理人和托管人职责的角度对相关业务参与主体提出了明确的准入要求。《审核指引》要求基金管理人、托管人、资产支持证券管理人、外部管理机构等业务参与主体应当符合《基础设施基金指引》等规定的条件。

三是规范业务参与机构关联交易。基金管理人和资产支持证券管理人应就业务参与机构之间的关联关系、关联交易、潜在利益冲突等情况进行核查和披露，并设置合理充分的风险防控措施。

（二）细化基础设施项目准入条件

一是明确项目准入要求。

合规方面，基础设施项目应当符合《基础设施基金指引》、国家发展改革委项目筛选的合规标准并符合本所资产证券化业务的有关规定，即权属清晰、手续齐备、经营资质健全、不存在抵押、质押等权利限制等。

现金流方面，进一步细化《基础设施基金指引》有关要求，明确项目现金流应由市场化运营产生，持续、稳定，且来源应合理分散，直接或穿透后来源于多个现金流提供方，因商业模式或者经营业态等原因，现金流提供方较少的，重要现金流提供方资质优良，财务情况稳健。

运营方面，根据《基础设施基金指引》，要求项目运营时间原则上不低于3年、运营模式成熟稳定、运营收入有较好增长潜力，并进一步补充细化对不同资产类型的要求：（1）针对产业园、仓储物流、数据中心等依托租赁收入的基础设施项目，要求近3年总体出租率和租金收入较高、租金收缴情况良好、主要承租人资信状况良好、租约稳定、承租人行业分布合理；（2）对于收费公路、污水处理等依托收费收入的基础设施项目，要求近3年运营收入较高或保持增长、使用者需求充足稳定、区域竞争优势显著以及运营水平处于行业前列。

此外，结合国家发展改革委相关项目筛选标准，《审核指引》对PPP模式基础设施项目应当符合的条件进行了细化规定。

二是规范基础设施项目关联交易。为确保基础设施项目的市场化运营，项目涉及的关联交易满足如下要求：（1）符合法律法规的规定和公司内部管理控制要求；（2）定价公允，定价依据充分，与市场交易价格或独立第三方价格不存在较大差异；（3）基础设施项目现金流来源于关联方的比例合理，不影响基础设施项目的市场化运营。同时，基金管理人和资产支持证券管理人应当对基础设施项目最近3年及一期关联交易情况进行重点核查和披露，分析关联交易的合理性、必要性及潜在风险，并设置合理充分的风险防控措施。

（三）明确项目评估、交易结构和运作管理等安排

根据《基础设施基金指引》要求，结合项目的评估和现金流预测、资产支持专项计划结构搭建的有关规定和市场实践，《审核指引》重点明确：

一是项目评估与现金流测算。评估方面，基础设施项目评估应当符合《基础设施基金指引》规定，并原则上以收益法作为基础设施项目评估的主要估价方法。现金流测算方面，可供分配金额测算应充分考虑宏观及区域经济发展、项目

业态及用途、运营情况及未来调整安排等因素影响。同时，对基础设施项目历史现金流的核查披露和资产支持专项计划基础资产现金流归集与分配进行了相应规范。

二是交易结构搭建。关于杠杆安排，基础设施项目存在对外借款的，应当符合《基础设施基金指引》的要求，基金管理人和资产支持证券管理人应当核查并披露借款类型、金额、用途、增信方式、涉及的抵质押等权利限制情况，明确偿还安排及风险应对措施等。关于存续期限，资产支持证券管理人应当根据基础设施基金的存续期限合理安排基础设施资产支持证券期限，可以通过续期等机制延长期限。关于退出安排，涉及基础设施项目处置的，基金管理人和资产支持证券管理人应当明确并披露项目处置的触发情形、决策程序、处置方式和流程以及相关信息披露安排等。

三是运作管理安排。关于管理人运营管理职责及协同安排，基金管理人和资产支持证券管理人应当分别明确并披露其按照有关规定和约定履行基础设施项目运营管理职责的安排，以及就基础设施项目运营等建立联合工作机制的具体安排和责任承担方式。关于外部管理机构履职监督及同业竞争防范，委托外部管理机构运营管理基础设施项目的，应当明确并披露外部管理机构的解聘、更换条件和流程、履职情况评估、激励机制等安排。同时，基金管理人和资产支持证券管理人应当重点核查并披露外部管理机构涉及同业竞争的情况，说明其合理性和必要性，并设置合理充分的利益冲突防范措施。关于持有人会议规则，基金管理人和资产支持证券管理人应当明确并披露基金持有人大会和基础设施资产支持证券持有人大会的会议规则，在不违反法律、行政法规的强制性规定前提下，基础设施资产支持证券持有人会议程序可以适当简化。

附件2

关于支持北京市基础设施领域不动产
投资信托基金（REITs）产业发展的若干措施

（京发改〔2020〕1465号）

为进一步创新基础设施领域投融资机制，有效盘活存量资产，激发市场活力，推动本市基础设施领域不动产投资信托基金（REITs）产业加快发展，根据《关于推进基础设施领域不动产投资信托基金（REITs）试点相关工作的通知》和《公开募集基础设施证券投资基金指引（试行）》，结合本市实际，制定以下措施。

一、加快培育孵化一批权属清晰、收益稳定、特色突出的优质基础设施项目。建立基础设施REITs项目储备库，加强项目谋划、遴选、申报、发行、运营等全过程服务，形成"试点一批、储备一批、谋划一批"的滚动实施机制。

二、加大市属国有企业基础设施优质运营资源整合力度，提高市属国有平台公司运营能力，加快向基础设施专业运营商转型。鼓励中央企业在京设立基础设施专业运营机构，鼓励其通过出资入股、收购股权、相互换股等方式加强与市属国有企业合作。支持具备条件的民营企业开展基础设施专业运营，支持其参与市属国有企业混合所有制改革。加快培育一批行业领先、辐射全国的基础设施REITs专业运营管理龙头企业。

三、支持市属机构申请公募基金管理人资质并开展基础设施REITs业务，支持符合条件的在京企业适时申请专项公募REITs基金管理人资质。大力吸引内外资优质公募REITs基金管理人入驻北京，对在本市新设立或新迁入的持牌公募基金管理人可在享受现有政策基础上，一次性给予实缴注册资本1%、不超过1000万元奖励。

四、加强本市基础设施 REITs 中介机构培育和发展，鼓励中介机构通过兼并重组、联营合作等方式做大做强，搭建中介机构服务平台，做好中介机构与基础设施 REITs 储备项目对接服务。

五、搭建原始权益人、基金管理人与专业机构投资者的对接平台，加大优质基础设施 REITs 产品推介力度，支持专业机构投资者及社会保障、养老保险、年金等基金参与本市基础设施 REITs 产品的战略配售和投资，鼓励合格境外投资者通过 QFII、RQFII 等通道参与基础设施 REITs 产品投资，鼓励有资质的在京资产管理机构和财富管理机构代理销售基础设施 REITs 产品。

六、成立基础设施 REITs 产业联盟，制定完善相关自律规则、执业标准和业务规范，促进市场主体间的交流，推动基础设施 REITs 产业持续健康发展。市政府有关部门可以将基础设施 REITs 产业有关咨询服务纳入本部门政府购买服务指导性目录，所需资金在部门预算中统筹安排。

七、支持基础设施 REITs 全产业链集聚发展，聚焦"三城一区"、城市副中心、新首钢高端产业综合服务区、丽泽金融商务区等重点区域，创新市场准入、规划土地、办公用房等支持政策，引导基础设施 REITs 市场、交易、中介、运营龙头企业集群发展。各区对符合条件的入驻企业给予租金或装修补贴；租赁办公用房的，租金补贴以 5000 平方米、市场租赁价格的 30% 和 3 年为限；购买或租赁自用办公用房的，装修补贴按每平方米 300 元的标准、不超过实际装修费用和 500 万元为限。

八、制订基础设施 REITs 产业人才计划，鼓励本市企业、金融机构与高等院校、科研机构开展合作，培养一批基础设施 REITs 产业发展急需人才。健全高端人才引进机制，在房屋购租、子女入学、家属就业等方面加大政策倾斜力度，引进一批具有丰富从业经验的基金管理和运营管理领军人才，对符合条件的优秀人才及优秀团队成员可按规定办理人才引进。对符合条件的高级经营管理人才、高级技术人才及高级技能人才，结合其贡献程度，由各区给予总额不超过 100 万元的奖励。

九、加大财税政策支持力度，本市企业成功发行基础设施 REITs 产品后一次性给予不超过 300 万元的补贴，对运营期分红按照政策规定享受企业所得税优惠，对列入《公共基础设施项目企业所得税优惠目录》内的项目可按照国家有关规定享受企业所得税减免优惠。

十、将 REITs 发行规模作为降杠杆措施纳入企业经营业绩考核评价指标，鼓励国有企业通过发行基础设施 REITs 提高直接融资比重，优化资本结构，盘活存量资产。

十一、积极探索通过"PPP + REITs"方式盘活存量资产，完善 PPP 项目社会资本股权退出、参与方责权利承继、合作协议调整等配套制度，在确保项目权责明晰、运营稳定、风险可控的前提下，围绕轨道交通、收费公路、垃圾和污水处理等重点领域，鼓励符合条件 PPP 项目开展基础设施 REITs，形成投资良性循环。

十二、成立推进基础设施 REITs 产业发展工作领导小组，加强对全市基础设施 REITs 产业发展的统筹协调和组织推进，建立项目申报发行绿色通道，完善土地、规划、财税、人才等支持产业发展的配套政策，指导各区各部门统筹开展基础设施 REITs 工作。

附件 3

海南自由贸易港博鳌乐城国际医疗旅游
先行区制度集成创新改革方案

为贯彻落实习近平总书记"4·13"重要讲话、中央 12 号文件以及习近平总书记对海南自由贸易港建设作出的重要指示批示精神，根据《海南自由贸易港建设总体方案》《国家发展改革委、国家卫生健康委、国家中医药局、国家药监局关于支持建设博鳌乐城国际医疗旅游先行区的实施方案》《海南自由贸易港博鳌乐城国际医疗旅游先行区条例》等文件精神，特制订本方案。

一、基本要求

把制度集成创新摆在突出位置，以风险防控为底线，解放思想，大胆创新，运用海南自由贸易港改革主动权，在全面推行"极简审批"改革、特许药械贸易自由便利、投资自由便利、跨境资金流动便利和加强风险防范等方面推进制度集成创新改革，提升海南自由贸易港博鳌乐城国际医疗旅游先行区（以下简称乐城先行区）医疗卫生行业管理服务效率，试行工程项目建设"零审批"制度。

二、主要目标

贯彻落实海南自由贸易港建设总体要求，推进乐城先行区高水平开放、高质量发展，坚持规划引领、生态优先、绿色发展理念，实现医疗技术、装备、药品与国际先进水平"三同步"，建设世界一流的国际医疗旅游目的地和医疗科技创新平台，对标国际先进水平，打造法治化、国际化、便利化的营商环境，为海南自由贸易港建设提供可复制可推广的经验。

三、改革措施

（一）特许药械贸易自由便利

1. 创建国内唯一未上市特许药械全流程追溯平台。乐城先行区管理局、省药品监管局、省卫生健康委、海口海关等多部门利用区块链、物联网、三维 GIS（地理信息系统）＋BIM（建筑信息模型）等新一代信息化技术，构建以公众需求为导向、数据共享为基础、业务协同为重点、统一便捷为标准、实时监查为必要的特许药械全流程追溯平台，赋能园区智慧监管，与高标准建设的国际贸易"单一窗口"有机衔接，国外已上市国内未上市的临床急需特许药械审批时间缩短至 3 个工作日（见附件 1）。实现不见面审批准入、患者随访、不良反应监测等全过程可追溯监管，为特许药械"管得住、放得开"提供切实抓手，形成无物理围网的特殊监管，初步实现与国际创新药品、医疗器械同步使用。

2. 建立国内唯一的未上市创新药械集中存放保税仓。海口海关创新实行"先入仓、后检疫"的监管检疫模式，大幅提高药械进口效率。鼓励药械批量进口存储，探索保税仓"分送集报"出仓模式，增加保税仓公共属性，支持保税仓提供物流、关务、运输、仓储、配送等服务，大幅降低药械通关、物流、存储成本，实现从"患者等药"到"药等患者"的转变。

3. 举办国内唯一的"永不落幕国际创新药械展"。为未在国内上市的国际创新药械提供线上线下展示、发布、培训平台，实现医生、患者不出国门就可以享受到与世界同步的创新药械服务，打造全新的国际创新药械中国展示窗口。

（二）投资自由便利

4. 搭建医疗创新创业平台。依托博鳌超级医院等园区医疗机构，引入国际创新药械转化平台，系统加速全球创新药械引入、代理、投资、使用、注册等；共建前沿医疗技术转移转化平台，聚集前沿医疗技术转移转化落地；建设"1＋X"模式公共医疗平台，让医疗机构或团队可租、可购，高效率、低成本进驻落地。

5. 创新服务模式。建立乐城管理局为主，多部门协同的联评联审机制，确保项目入园标准不降低、一窗受理、一次性告知、各类许可一次性办理，实现"园区说了算"。定期召开业界共治委员会，推动园区各项事务共建、共治、共享。成立特许医疗区域伦理中心，共享各类专业人才，统一为创新药械使用把控各项风险。

（三）跨境资金流动自由便利

6. 率先落地海南自由贸易港跨境资金流动自由化、便利化制度。进一步推动医疗、药品、医疗器械跨境交易环节结算便利化，实现银行真实性审核从事前审查转为事后核查，推动医疗、药品、器械及康养服务等产业发展，在境外上市、发债等方面简化汇兑管理，率先试点企业境外上市外汇登记直接到银行办理；积极拓宽多种形式的产业融资渠道，放宽外资企业资本金使用范围；积极引入"监管沙盒"机制，率先试点创新人工智能、大数据、云计算等科技金融政策、产品和工具；设立金融服务中心，协调相关行业主管部门和金融机构为入驻企业和项目提供跨境资金流动服务，统筹推进与国际商业保险付费体系相衔接的商业性医疗保险服务及合作开发跨境医疗保险产品等。

（四）外籍人员停、居留便利化

7. 加大落实现有便利引才引智政策措施力度。主要包括为外籍高层次人才提供更加便利的入境和停、居留措施，为外籍技术技能人员就业提供居留便利，为高校外国学生就业创业提供便利，为工作和投资的外国人提供永久居留便利。

8. 出台外籍医务人员、患者及陪同人员诊疗入境、停留居留便利化措施。在园区工作的医疗医护人员，可申请签发与工作合同一致的工作类居留许可；凭园区医疗机构或海南其他区域内三级医疗机构出具的医疗服务证明，外国人及其陪护家属可申办与医疗服务期限一致的私人事务类签证或居留许可；成立患者服务中心，为境内外患者提供咨询、诊疗等一站式服务，方便境内外患者诊疗，优化园区发展环境。

（五）打造国内唯一的"全球特药险"，创新医药保险支付方式

9. 打造综合保险服务平台，支持所有保险机构推行各种层次各种类型保险产品创新。通过"医保＋商保"的机制，首次将国内未上市药品加入国内健康保险。充分利用分部位瘤种发生率、药品目录内不同瘤种在不同保障时间内的特药费用预估、药费补偿或折扣等多重精准化定价因素，重构商业健康险以疾病发生率为主的传统定价模式，以解决国外特药价格高的问题。取得健康保险的多个突破，包括不限定年龄和职业、不设置等待期、无免赔额、投保时无需体检，不限制既往病史投保，仅在理赔时免除既往病史用药责任。引入商保支付平台，为患者用药提供分期支付等方案。

（六）开展临床真实世界数据应用试点，全力推进医疗卫生"极简审批"改革

10. 国内首创临床真实世界数据用于药械注册新模式。乐城先行区享有全国独一无二的特许药械进口使用政策，在满足患者就医用药需求的同时，其产生的每一个临床数据都弥足珍贵。省药品监管局在国家药品监管局的指导下，利用特许药械政策，开展临床真实世界数据应用试点工作，探索将未经中国注册、经批

准在乐城先行区使用的特许药械临床数据，经过科学的研究设计，严格的数据采集，高效的信息处理，正确的统计分析，多维度的结果评价，转化为真实世界证据，用于在中国注册审批。临床真实世界数据应用试点可以缩短全球创新药械进入中国市场的时间，降低注册成本，从而使众多国际创新药械企业更加积极地推动创新药械进入中国，惠及广大患者，同时也为国家药品医疗器械审评审批制度改革，提速全球创新药械在我国临床使用的可及性，提供了新的解决途径。

11. 创新医疗和药品二合一机构监管模式。创立国内第一家由卫生部门和药监部门共同设立的医疗药品监管机构，创新实施"卫生 + 药品"一体化监管模式，实现一站式办公，提高特许药械审批效率，使政府履行职能更加顺畅，实现业务协同、信息互通，资源共享，避免多头监管，形成监管合力，降低行政成本，提高监管效率。

12. 实施"两证一批复同发"制度。对在乐城先行区兴办的医疗机构，不再核发《设置医疗机构批准书》，仅核发《医疗机构执业许可证》，对甲类大型医用设备配备申请，可以一并审批，大幅度缩短医疗机构的筹建周期，减少医疗机构前期运营成本。由申请单位或个人向园区管理机构提交执业登记申请材料，园区管理机构 1 个工作日内提交到省卫生健康委审批办，省卫生健康委审批办 1 个工作日内审核材料，并核发医疗机构执业登记许可证及大型医用设备配置许可批复。

13. 医护执业注册便捷化。制定标准的办事指南，通过电子系统办理医护注册，大幅度压缩注册时限，提高审批效率。国内医护注册 1 个工作日内完成，国外医护注册 5 个工作日内完成。

14. 园区内医疗机构实现执业医师、护士执业资格共享。执业医师（含境外）主要执业机构在园区的，可以直接在园区其他医疗机构执业，护士（含境外）可以在园区多点执业。

（七）全面推行和深化工程建设"极简审批"改革

转变项目从"先批后建"到"先建后验"，在先建后验的总体框架下，按照项目建设的四个阶段，简化审批环节和流程，通过容缺预审、审批后置、告知承诺、函证结合、联合验收、加强事中事后监管等改革措施，总审批时限压缩到 9～13 个工作日（见附件 2），保障项目高效推进。

15. 增加编制 2 项区域评审评估。在原有 8 项区域评估的基础上，根据开发建设需要增加编制文物保护、水安全论证 2 项区域评估，单个项目不再开展以上事项的评估认证。

16. 取消 6 项工程审批事项。符合省、市总体规划以及园区总体规划、控制性详细规划的项目，取消以下 6 项审批事项：取消建设工程规划设计方案审查意见书，并入核发建设工程规划许可证办理；取消民用建筑人防工程规划报建审批（或易地建设审批）；取消建设项目附属绿化工程设计方案审批；取消修建性详细规划方案审查；取消建设项目节水设施施工申报备案，由水务部门提供审图标准，纳入联合审图；取消建设项目节水设施规划报建审核。

17. 明确产业准入环境标准。按照海南自由贸易港放宽市场准入特别清单、外商投资项目准入负面清单，在规划环评的基础上，深化推进"三线一单"工作。制定产业准入环境标准，优化建设项目环境影响评价报告审批，将环境管控、污染物排放标准等根据产业布局细化到各地块单元，制定环境准入负面清单，强化企业自律，推进诚信管理，加强事中事后监管，确保污染物达标排放。符合准入清单的项目环评实行承诺备案制，备案机构不对环境影响报告书（表）进行实质性审查，对符合条件的项目环评直接予以备案。

18. 创新项目生成方式。坚持规划引领、生态优先、绿色发展的理念，基于"多规合一"、"一张蓝图"，依托信息化平台，协同策划项目，提前落实划拨用地和出让用地的预选址、用地指标等条件，促使策划的项目可落地、可实施，项目生成与审批环节无缝衔接。

19. 加快推进"标准地"制度建设。探索实行"标准地"先租后让、弹性年期等供地方式，建立"标准地"全过程监管体系。有效对接容缺审批、区域评估、联合验收、承诺告知等极简审批改革措施，提高用地审批效率。

20. 容缺后补办理建设工程规划许可。通过带方案出让方式取得建设用地的项目（达到规划设计方案深度，且竞拍前通过相关部门技术审查），完成土地使用权受让手续后，1 个工作日直接核发建设工程规划许可；未带方案出让的项目，在项目业主已通过竞拍等方式获取土地使用权，但尚未完善土地使用权证办理的，可同步开展项目前期工作，3 个工作日容缺办理建设工程规划许可证。其他并联审批事项后置，将涉及国家安全事项的建设项目审批、风景名胜区内建设活动审批、危险化学品安全条件审查、超限高层建筑工程抗震设防审批等事项按照一次性审批方式办理。项目动工后，采取审批后置处理的前期审批事项，项目业主需在 3 个月内采取一次性审批方式完成。

21. 取消施工图设计审查，各项行政许可均不得以审查施工图设计文件作为前置条件。

一是建设单位及设计单位在施工报建时承诺提交的施工图设计文件符合公共利益、公众安全和工程建设强制性标准要求，同时将设计完成的施工图设计文件上传至建筑工程全过程监管信息平台进行共享，供施工质量安全监督、联合测绘、竣工联合验收和城建档案归档等环节使用。

二是加强设计合同管理，设计单位应保证设计专业配备齐全、设计人员具备相应设计能力，设计工期、设计费用应合理合规，以确保项目设计的质量。

三是严格落实建设单位、勘察单位、设计单位、施工单位、监理单位等参建主体责任，强化建设单位首要责任，全面落实质量终身责任制。

四是推进工程质量保险制度建设，充分发挥市场机制作用，通过市场手段倒逼各方主体质量责任的落实。借鉴国际通行的工程质量缺陷保险模式，试点推进建设工程质量潜在缺陷保险（IDI），研究探索工程质量安全全过程风险管控的保险模式。

五是建立工程勘察设计"双随机、一公开"抽查机制，组织专家对上传至监管平台的施工图设计文件进行联合抽查，对消防、人防、节水设施、特定工程和场所防雷装置设计审核、园林绿化等设计进行联合图审，加强对设计质量的事中事后监管。根据抽查情况，对履行承诺好，设计质量高，并且信用评价等级高的建设单位或设计单位，减少抽查次数或免予抽查。对抽查中发现的违法违规行为，依法予以处理。对设计质量、市场和人员等情况开展信用评价，并将信用情况向社会公布。

22. 实行分阶段审批施工许可，实现落地即开工。建设项目完成供地手续后，建设单位、设计单位就施工图设计、安全文明施工措施、工程质量保证措施、项目管理、合同管理、现场施工条件等做出具备开工条件的承诺后，1 个工作日内直接核发建筑工程施工许可；采取分阶段的方式加快推进施工许可证的办理，建设单位确定施工总承包单位后，可根据施工进展顺序自主选择，灵活分为三阶段（"基坑支护和土方开挖""地下室""±0.000 以上"三个阶段分别申请办理施工许可证）、两阶段（将"基坑支护和土方开挖"和"地下室"合并为"±0.000 以下"，即按"±0.000 以下""±0.000 以上"两个阶段分别申请办理施工许可证）或一阶段申请办理施工许可证，每个阶段施工许可均在一个工作日内完成核发，真正实现企业落地即开工。

23. 实行函证结合。若因特殊原因不具备采取承诺制核发建设工程规划许可、建筑工程施工许可条件的项目，采取函证结合的方式，先出具规划函、开工函，打通项目建设流程路由，相关前期审批手续相应后置，通过设计方案预审、质量监督提前介入等措施保障项目顺利动工建设。

24. 实行联合测绘。建设项目业主在建设项目竣工验收过程中可一次性委托具有相应资质的测绘单位开展竣工验收所涉及的规划条件核实测量、人防工程测量和不动产测绘，实行统一测绘，成果共享。

25. 优化市政公用设施报装、办理接入等服务。供水、排水、供电、燃气、通信等市政公用服务部门进驻园区，靠前服务，通过工程建设项目审批管理平台共享项目信息，在工程建设许可阶段提前介入项目，提供技术指导，主动告知办理流程，提供项目红线内地下管线信息、市政设施接入方案、设计方案。报装提前到开工前办理并开通政务服务网线上申报功能，纳入建设项目线上全流程办理环节。在工程施工阶段完成相关设施建设，竣工验收后直接办理接入事宜。

26. 实行联合验收。完善园区极简审批项目联合验收办法，实行两验终验，将规划、质量、人防、消防、国安、档案等专业验收及市政、公共设施等配套验收进行一次性办理，实现"同时受理、集中实施、统一验收、限时办结"，由园区管理机构负责牵头开展极简审批项目联合验收工作，联合验收总时限为 7 个工作日。

27. 试行工程项目建设"零审批"制度。

工程项目建设"零审批"制度包含两个层面：

一是对建设项目整体进行"零审批"。创新建立工程建设项目自主实施制度（即"零审批"），在试行阶段，由项目建设单位自主决定是否进行"零审批"。项目建设单位申请对项目整体进行"零审批"的，由项目建设单位自主组织技术条件和法律法规审查，根据勘察设计单位、施工单位、专家评审、律师事务所等单位意见，认为已经满足建设条件的，经由项目建设单位出具承诺书后，审批部门不再进行审批，采用数字化电子化备案。配套建立健全建筑物全生命使用周期的监管制度，严肃工程建设项目自我实施制度的法律地位，禁止擅自变更使用功能和建筑结构的违法行为。

二是对建设项目申报材料部分内容进行"零审批"。建立合资格专业人士认证制度，对项目申报材料部分内容进行"零审批"。国家注册专业技术人员，如建筑师、规划师、工程师、律师等，可以申请成为合资格专业人士。合资格专业人士认证签发的资料或承诺申明，项目建设遵循专业化、市场化、法治化原则，审批部门不再审核具体内容，即"零审批"。由此产生的法律责任和市场风险由建设单位、勘察设计单位、施工单位、评审专家、律师事务所、合资格专业人士自行承担。

（八）完善信用监管体系建设

建立健全社会信用体系，充分发挥"互联网＋"、"大数据"、区块链等现代信息技术作用，深化"双随机、一公开"市场监管体制，建立以信用监管为基础，与负面清单管理方式相适应的过程监管体系，形成企业自治、行业自律、社会监督、政府监管的共治格局。

28. 健全医疗卫生信用体系，创新综合监管模式。

一是健全医疗卫生信用体系。制定医疗卫生机构及其从业人员信用评价指标标准，培育诚信执业、诚信采购、诚信诊疗、诚信收费、诚信医保理念，坚持合理检查、合理用药、合理治疗、合理收费等诚信医疗服务准则，鼓励行业协会开展医疗质量、服务能力等评价，实行信用评价等级监管。

二是创新综合监管模式。探索适合医疗新技术、新产品、新业态、新模式发展的监管方式。建立一流的药械追溯管理平台，覆盖药品和医疗器械进口、审批、使用监管等全流程，实现药监、海关及园区医疗机构联网共享。实行最严格的疫苗监管制度，强化药品疫苗全程监管，切实提高药品安全信用监管水平，保障人民群众用药安全有效。

制定并逐步完善乐城先行区医疗、药品等相关规范标准、操作规程和管理办法。出台事中事后监管办法，强化问责机制，对违规违纪、失职渎职者严肃问责处理。入驻乐城先行区的医疗卫生机构对本机构及对外合作机构依法执业、规范服务、服务质量和安全等承担主体责任。强化医疗卫生机构从业人员执业行为监管，严肃查处违法违规和违反医德医风的执业行为，对构成犯罪的依法追究刑事责任。

29. 健全工程建设领域诚信体系，加强事中事后监管。

一是健全信用体系建设。推进工程建设领域项目信息公开和诚信体系建设，建立建设单位、勘察单位、设计单位、施工单位、监理单位、第三方中介机构及其从业人员信用评价标准和指标体系，公开工程建设项目信息以及工程参建各方主体和从业人员信用信息，建立科学、有效的建设领域信用评价机制和失信责任追溯制度，将评价结果纳入市场信用管理体系进行动态管理，由行业主管部门加强日常监督监管、抽查检查，将信用监管评价等级低的单位，列入重点监控名录，同时将信用评价结果与参建各方的资质审批、从业人员的执业资格注册及资质资格取消等事项进行关联。加强市场主体信用信息的归集和应用，加大失信惩戒力度，形成"一处违法、处处受限"的信用约束机制。

二是充分运用信息技术，加强协同监管。充分利用信息网络技术，实现在线即时动态监督监测，提高监管针对性和有效性。综合运用移动执法、电子案卷等手段，提高监管执法效能。强化工程建设项目线上过程监管，形成"来源可查、去向可追、责任可究"的信息链条。

强化行业主管部门的协同配合、信息互通、相互衔接，建立齐抓共管的工作机制。扩大电子证照、电子印章、电子证书的应用范围，有效推动监管工作线上电子信息的共享与互通，及时有效提取建设项目的信息数据，建立信用信息互通共享机制。

三是加强承诺事项的监管。对通过承诺方式容缺办理的审批事项，通过"双随机、一公开"、"互联网＋监管"等方式进行全过程的监管，确保建设工程按照行业规范、标准的强条要求实施建设。存在逾期未履行承诺的，对责任单位进行惩戒，取消其承诺告知、容缺审批的资格，列入失信名单，对情形严重的撤销行政审批决定或依据相关规定进行惩处。

四是严格落实退出机制。按照《海南博鳌乐城国际医疗旅游先行区项目退出管理暂行办法》实施退出机制。对严重违反规划、工程质量存在重大安全隐患、长期闲置土地、严重影响环境、不履行项目入园框架协议和投资协议以及相关承诺书等行为且无法进行整改的项目，及时启动退出机制。

（九）一网通办，线上线下"无缝"融合

30. 充分发挥"互联网＋"、大数据、区块链、人工智能等现代信息技术作用，加强系统间集成创新，强化数据有序共享，搭建"规建管"数据查询、CIM（城市信息模型）辅助决策等系统，线上形成"一张蓝图、一个系统、一口登录、一张表单、一次性审批"极简审批服务系统，实现政务服务一网通办，提高审批服务效率。

（十）强化风险防控

制定实施有效的风险防范措施，明确加强过程监管的规则和标准，压实监管责任，实施全生命周期有效监管，防范医疗卫生、生态环保、生物安全和工程建设领域重大风险。

31. 建立健全医疗纠纷和预防处理机制。建立健全应急处理机制，增强驻区医疗监管力量，加大日常巡查力度，及时发现并妥善处置风险隐患，确保园区运营安全；强化药品疫苗全程监管，对违法者严惩不贷，对失职渎职者严肃查办；加强有关法律法规和政策宣讲，不断提升园区企业依法经营意识；正确引导社会舆论，及时有效回应社会关切。

32. 加强生态风险防控，实行严格的进出环境安全准入管理制度。推进医疗废物等危险废物处置设施建设，提升突发生态环境事件应急准备与响应能力。建立健全环保信用评价制度。

33. 加强重大传染病和生物安全风险防范。建立卫健、海关等多部门协作的境外疫病疫情和有害生物联防联控机制。

34. 建立和实施包括工程质量、安全生产、环境保护、消防隐患、国家安全、水安全、气候安全等方面的风险评估制度，制定有关风险防控预案，严格强化工程建设管理，确保项目质量、安全、环保。做到科学施工、合理施工、安全施工，打造"精品工程""安全工程""绿色工程"。

附件 4

《关于保险资金投资公开募集基础设施
证券投资基金有关事项的通知》

（银保监办发〔2021〕120 号）

各保险集团（控股）公司、保险公司、保险资产管理公司：

为进一步丰富保险资产配置结构，助力盘活基础设施存量资产，提高直接融资比重，根据《保险资金运用管理办法》《保险公司投资证券投资基金管理暂行办法》《保险资金投资不动产暂行办法》等规定，经银保监会同意，现就保险资金投资公开募集基础设施证券投资基金（以下简称基础设施基金）有关事项通知如下：

一、本通知所称基础设施基金，是指依据国务院证券监督管理机构有关规定设立并公开发行，由符合条件的基金管理人管理，主要投资于基础设施资产支持证券并通过资产支持证券持有基础设施项目公司全部股权的基金产品。

二、保险集团（控股）公司、保险公司、保险资产管理公司（以下统称保险机构）开展基础设施基金投资业务的，应当公司治理完善，市场信誉良好，具备健全有效的内部控制体系和投资管理制度，经营审慎稳健。

三、保险集团（控股）公司和保险公司自行投资基础设施基金的，应当具备不动产投资管理能力，最近一年资产负债管理能力评估结果不得低于 80 分，上季度末综合偿付能力充足率不得低于 150%。

保险集团（控股）公司和保险公司委托保险资产管理公司及其他专业管理机构投资基础设施基金的，最近一年资产负债管理能力评估结果不得低于 60 分，上季度末综合偿付能力充足率不得低于 120%。

四、保险资产管理公司受托管理保险资金或通过保险资产管理产品投资基础设施基金的，应当具备债权投资计划产品管理能力，且公司最近一年监管评级结果不得低于 C 类。

五、保险资金投资的基础设施基金，基金管理人和资产支持证券管理人在注册资本、管理资产、专业人员、资产托管、风险隔离等方面，应当符合银保监会关于保险资金投资不动产相关金融产品的监管要求。其中，基金管理人和资产支持证券管理人的管理资产和专业人员可以合并计算。

六、保险机构应当健全公司治理，完善投资基础设施基金的决策程序和授权机制，建立相对集中、分级管理、权责一致的投资决策和授权制度，明确相关决策机构的决策权限。

七、保险集团（控股）公司和保险公司投资的基础设施基金及投资于基础设施基金比例不低于80%的资产管理产品，应当纳入不动产类资产投资比例管理。

八、保险机构投资基础设施基金前，应当对基础设施基金持有项目的经营管理、财务、现金流、法律权属等情况进行分析评估，形成分析评估报告。

九、保险机构应当加强投资基础设施基金的风险管理，按照上市权益类资产投资管理要求，建立健全内部控制制度和风险管理制度，防范内幕交易、利用未公开信息交易、利益冲突和利益输送。

十、保险机构应当审慎评估投资基础设施基金可能出现的重大风险，制定相应风险处置预案。基金净资产发生10%及以上损失，基础设施项目运营、项目现金流或产生现金流能力发生重大变化的，保险机构应当及时向银保监会报告。

十一、保险集团（控股）公司和保险公司应当将保险资金投资基础设施基金情况纳入季度资金运用情况报告，保险资产管理公司应当将组合类保险资产管理产品投资基础设施基金情况纳入年度产品业务管理报告，报告内容包括相关投资情况、项目运营情况、风险管理情况等。

十二、保险机构违反本通知规定投资基础设施基金的，银保监会将责令限期改正，并依法采取监管措施或实施行政处罚。

中国银保监会办公厅
2021 年 11 月 10 日

参考文献

［1］陈爱林. 国有企业之路——韩国［M］. 兰州：兰州大学出版社，1999.

［2］涂永红. 银行信贷资产证券化［M］. 北京：中国金融出版社，2000.

［3］［美］威廉·布朗切克. 投资房地产：迅速获取现金利润［M］. 北京：中信出版社，2003.

［4］［英］马克·卡灵顿. 银行革命［M］. 北京：经济管理出版社，2003.

［5］刘金凤. 海外信托发展史［M］. 北京：中国财政经济出版社，2009.

［6］张键. 房地产基金［M］. 北京：中国建筑工业出版社，2012.

［7］李振宇. 资产证券化：原理、风险与评级［M］. 北京：中国建筑工业出版社，2013.

［8］王巍. 房地产信托投融资实务及典型案例［M］. 北京：经济管理出版社，2013.

［9］徐光磊. 信托化：第三次金融革命［M］. 北京：中国金融出版社，2014.

［10］张继胜. 信托金融纲要［M］. 北京：中国金融出版社，2014.

［11］杭琛. 韩国岁月话金融［M］. 北京：中国金融出版社，2015.

［12］林华. 中国资产证券化操作手册［M］. 北京：中信出版集团，2015.

［13］［美］杰西·利弗莫尔. 股票作手回忆录［M］. 北京：中国青年出版社，2015.

［14］［新加坡］博比·加雅拉曼，王刚等译. 投资 REITs 积累财富［M］. 北京：中信出版集团，2016.

［15］杭琛. 多视角看美国［M］. 北京：中国金融出版社，2017.

［16］朱光磊. 房地产税收面对面［M］. 北京：机械工业出版社，2017.

［17］［日］三菱日联信托银行不动产咨询部. 图解日本 REIT［M］. 北京：中信出版集团，2019.

［18］何大勇. 银行转型 2025［M］. 北京：中信出版集团，2020.

［19］蔡建春. 中国 REITs 市场建设［M］. 北京：中信出版集团，2020.

［20］阿代尔·特纳（Adair Turner）. 债务和魔鬼（中译本）［M］. 北京：中信出版集团，2021.

［21］Alvin Y. So Stephen W. K Chiu, "East Asia and the World Economy", SAGE Publications, California 1995.

［22］Andrew MacIntyre, "Business and Government in Industrialising Asia", 1994, Cornell University Press, Ithaca, New York, USA.

［23］ASWATH DAMODARAN, "Investment Valuation – Tools and Techniques for Determining the Value of Any Asset", Second Edition, John Wiley & Sons, Inc. , 2002, New York.

［24］Daniel I. Okimoto, "Between MITI and the Market – Japanese Industrial Policy for High Technology", Stanford University Press, Stanford, California, 1989.

［25］David Geltner Norman G. Miller, "Commercial Real Estate Analysis and Investments", South – Western Publishing, 2001, USA.

［26］David Garza, "Dictionary of Real Estate", Prentice – Hall, Inc. , 2001, USA.

［27］Hazel J Johnson, "Banking in Asia", Lafferty Publications, 1997, Dublin 2, Ireland.

［28］Hochin Choi, "Essays on Korean Economy", Seoul 1995, Korea.

［29］Hugh T. Patrick and Yung Chul Park, "The Financial Development of Japan, Korea and Taiwan China", 1994, Oxford University Press, UK.

［30］John A. Mullaney, "REITs – Building Profits with Real Estate Investment Trusts", John Wiley & Sons, Inc. , 1998, Canada.

［31］John Bonin, "Banking in Transition Economies", Edward Elgar Publishing, Inc. , Massachusetts, USA.

［32］Myung Hun Kang, "The Korean Business Conglomerate – Chaebol Then and Now", University of California, Berkeley, 1996, USA.

［33］Papers, KDI School of Public Policy and Management, Seoul Korea, 2003.

［34］Purnendra Jain, University & Takashi Inoguchi, United Nations University, Tokyo, "Japanese Politics Today – Beyond Karaoke Democracy?, 1997, Hong Kong. "

［35］Ralphl. Block, "Investing in REITs – Real Estate Investment Trusts", Revised & Updated Edition, 2002, USA.

后　记

房地产投资信托基金（REITs）如今包括的范围更加广泛，不仅是酒店、体育场馆、商城等房地产，也包括收费公路、铁路基础设施、电力基础设施、工业产业园区、仓储物流园、垃圾处理场以及养老大健康基础设施等领域。如此一来，把 REITs 称为不动产投资信托基金就更为准确。

如今，随着 2020 年 9 月 1 日海南省人民政府办公厅正式印发的《海南自由贸易港博鳌乐城国际医疗旅游先行区制度集成创新改革方案》、2020 年 9 月 4 日《深圳市证券交易所公开募集基础设施证券投资基金业务审核指引（试行）》（征求意见稿）、2020 年 9 月 28 日北京市发展改革委等 6 部门《关于印发支持北京市基础设施领域不动产投资信托基金（REITs）产业发展若干措施的通知》（京发改〔2020〕1465 号）以及 2021 年 11 月 10 日中国银保监会办公厅《关于保险资金投资公开募集基础设施证券投资基金有关事项的通知》（银保监办发〔2021〕120 号）等文件的陆续出台，我国 REITs 市场的制度建设步伐正在加快。我国的不动产投融资体系正在朝着多元化方向发展，而不仅仅局限在商业银行贷款上。这些变化标志着我国正在努力推动经济高质量发展；助力国家经济转型升级；为拉动经济双循环积极作出努力。同时，国家正在不断完善不动产投融资体系建设。此书正是在这种大背景下完成的，以达到"他山之石，可以攻玉"的目的。

在本书编纂过程中，得到了中国金融出版社肖炜老师和出版社同仁的指导，在此表示感谢。正是在他们的指导和帮助下，我经过反复修改，最终完成了书稿。由于作者水平有限，对于书中表达不够准确甚至错误之处，敬请读者谅解。

杭琛
2022 年 1 月